孩子，謝謝你，

陪著我們流浪

我與我的孩子
在這迷人的世界裡流浪

我們的孩子 Mete 出生在 2019 年的農曆大年初一,也就是 2 月 5 號。他的第一次飛行是三個月後,那一年,我們一起去了 6 個國家、13 個城市。孩子,謝謝你,陪著我們任性,在這迷人的世界裡流浪。

我與妻子的旅行始於 2018 年開始,帶著四套婚紗、一個電鍋,往世界出發。我們倆也是在旅行途中認識,所以我們用屬於我們的方式結婚,沿途在每一個國度裡留下婚禮的祝福。我們換上婚紗,行走在街頭巷弄,等待著每一個願意駐足的有緣人。「喀嚓!」一聲,一張張充滿人情味的照片孕育而生,雖然拍的不盡完美,但照片的背後都有說不完的故事。

妻子在土耳其懷孕,而知道 Mete 的到來則是在阿爾巴尼亞。我們又驚又喜,趕緊的分享這份喜悅給遠方的父母。本以為會得到父母催促回台的命令,沒想到爸爸只說了一句:「照顧好自己。」我們繼續旅行,直到塞爾維亞才決定回家,那已經是懷孕後的三個月。

我的旅行從一人變成三個人,從獨自流浪到兩人婚旅,再到三人旅居,我開始體驗了不同以往的方式去看這世界。在 Mete 三個多月大的時候,我們決定繼續旅行。長輩形容我們是「憨膽(台語)」,大家頻頻相勸,希望我不要獨斷專行決定孩子的未來。

頓時覺得跟結婚一樣，其實都不只是我們兩個人的事，而是兩家子的事。幸運的是，我們還是出發了，朝向詩與遠方。

這是 Mete 第一次不在家，也是他第一次體驗青旅、民宿與浴缸。對我們則是第一次帶著 28 吋行李箱出國，我們就是懵懂無知的新手爸媽，所以拚了命的把孩子可能會用到的東西都塞進箱子，然後再沿路後悔著。在日本生活的一個月，我們經歷了孩子第一次翻身、第一次用蓮蓬頭洗澡，還有第一次他與別人家的孩子玩在一塊，更逗的是他的笑容讓藥妝店的老闆送了一提 68 枚包裝的 M 號尿布。也許這些都是輕如鴻毛的小事，但在我們眼裡，只有感動。事情總是福禍相依，我們也是第一次知道原來有餐廳不歡迎嬰兒入內用餐。

離開了日本，我們飛往廣袤的中國大地，體驗了廣西陸路進越南的旅行，Mete 的護照上開始出現不同色彩。長途火車與過夜巴士，這些對我本是稀鬆平常的事情都成了一種考驗。慶幸的是，除了箱子太大外，反而跟車上的過客多了一個交流的機會，嬰兒的笑容與初心真的能融化所有人。

越南人比起日本更愛小孩一點，這是我的感觸。河內民宿的老闆娘愛不釋手的抱著 Mete，講述著她養育兩個小孩的故事，這是我第一次跟民宿老闆熟的這麼快。大叻的餐廳大廚傳授我關

於孩子的爸爸之道，胡志明市的咖啡廳拿出孩子愛玩的玩具，在速食店內還有其他大一點的嬰兒躺在一起揮手舞動，那些畫面有趣極了。

對行李箱的折磨痛定思痛後，我們改成兩個 45L 左右的登山包，Mete 背在我前面，這樣一前一後的彷彿重力訓練。減輕了手上的重擔，多了肩上的負擔，我愈來愈有爸爸的責任感。

經由馬來西亞再到印尼，Mete 會的技能愈來愈多，給我們的驚喜也愈來愈大，第一次摔下床、第一顆牙冒出。漸漸的習慣了旅行的步調，帶著孩子也不像一開始想像的艱難。印尼自帶的酷熱讓我們揮汗如雨，但我們玩得開心。也是這時候 Mete 開始學著喊著「BABA」、「MAMA」，有時候是因為肚子餓，有時則是學著我們說話。

在雅加達我們遇到了像家人般的房東，用心手寫出鄰近的景點與交通方式，還把適合 Mete 的場所標註出來。每日的早晨總會特別準備嬰兒料理給我們的孩子。我們約好了再訪之期，也等著她來台灣的那一天。有人說每個陌生人都可能是你未來的家人，我真的在這趟旅程感受到了。

旅行是不斷成長的歷程，我們也漸漸地卸下身上的枷鎖，嘗試著不同的方式，從大箱子到後背包，後來我背了一個可以把孩子「放上去」的背包。空出了雙手與前方，讓孩子跟我用同樣的高度去欣賞世界，而尼泊爾與雲南則是這年我們最後的遠行。

尼泊爾是山神與天女的國度，印度與嬉皮文化的交融。這是我第三次來訪，對尼人的好感不言而喻，而尼人對孩子的溺愛更是表露無遺。或許是山神的祝福吧，我們見證了 Mete 第一次站著。也許景點很美，也許建築歷史悠久，但在這趟與孩子的旅行途中，

我發現更重要的是看著他慢慢地長大，一步步的成長。透過孩子，我們對旅行的見解有了新的體悟，也瞭解到做父母的辛苦。很多時候我們必須接受長輩們的苦口婆心，發自內心的勸告與來自傳統的思維讓他們不得不說，作為他們的弟男子姪，我也有不得不的苦衷。我知道他們是為我好，正如我為孩子好一樣。

　　旅行給我最大的收穫是追逐了夢想，找到了愛情，還完整了我的家庭。山車緩緩開過無邊風月，孩子依偎著我的肩，我沒想過要做大人物，請讓我做（孩子）你眼裡的英雄吧！

About the Author

◈ 旅人作家
◈《 輕裝上陣－半自助旅行 》
　共同創辦人
◈《 美商應用材料（Applied
　Materials, Inc.）》工程師
◈《 怡和國際（能源）股份有
　限公司 》社群行銷小編
◈《 黑皮泥思－土地說書人 》
　社區營造合作夥伴
◈《 南屯烏日文化觀光促進會 》
　監事

推 薦 序 一

迷斯是個特別的人,在創作圈內,我想我是少數特別能理解他想法的人。

並非因為我們相識很久、或交情多深厚(實際也只見過 3 次面),而是因為,我們擁有極其相似的職涯歷程:都是工程師背景、都酷愛旅行寫作、都為了逐夢而轉職出書、甚至都在人生的關鍵點遇見了另一半。不同的是,迷斯的旅途上,還多出了一位可愛的孩子。

孩子出世沒多久,就上了飛機,可見這家人有多愛旅行。雖然好像令人擔心,但這對爸媽,用盡最大的心力與創意,給了寶貝孩子最獨特的陪伴與初生經歷。在我記憶所及,沒有一位嬰兒能去過那麼多地方。而這一切,是迷斯與依藍用大量時間與空間換來的,金錢可換不來。

他們讓旅行豐富了孩子;孩子也豐富了他們的旅行。

那些路途上遇過的事、那一雙雙抱過嬰兒的手、那 10 封父親寫給孩子的信。閱讀迷斯的文字,可以窺見很多面向,我看到理工人的坦率、旅行者的浪漫、丈夫的肩膀,與為人父的溫柔。他的旅行故事中,著墨最多的,不是撩亂的風景,而是人與人之間純粹的溫情,與真摯的內心獨白。

看著迷斯從一個人的背包獨旅,到和依藍踏上環球婚紗旅行,再到 Mete 出世後的旅程和徒步環島。不懈的,除了腳下不停走過的路,還有手上不停運轉的筆尖。三年內,一邊工作旅行,一邊出了兩本書,是很不簡單的創作能量。我相信,也期待迷斯一家人的精彩故事,會一直一直寫下去。

作家旅行冰舟

推 薦 序 二

【浪漫，從來就不是我愛你。】

「這個宅男也太浪漫了。」每當我看完迷斯的文字，都會不由得在心底驚呼。

說是宅男，其實只是就他的學經歷開一個刻板的玩笑，好用來掩飾我對他的讚嘆。讚嘆何來？ 我常常在想， 我們這些以旅遊為業的人，設計過的行程成千上百，服務過的客人更是數以萬計，但，旅遊這回事，褪去了商業的外皮之後，還有多少人願意不顧一切的去？ 又或者是說，一趟純粹的旅行，有多難尋？ 尤其當你有了伴侶、工作、甚至是家庭。而在迷斯的故事裡，每個旅遊的動機都極其純粹，而且不斷持續。是與奶奶的約定，是邂逅愛人之後的蜜月環遊，是親子三人間的獨家記憶。在字裡行間，你可以感受到他真的用旅行來記錄他的人生，他的每一趟遠行就像在寫詩，再佐以人生中各種重要的時刻做為韻腳，例如帶著嬰兒旅遊，在我們一般人眼裡是多麼的麻煩（我光是帶我三個月大的女兒去餐廳就覺得累翻了），更別說是環島了！但對迷斯來說，和襁褓中的兒子同遊才是他詩裡最美的押韻，也因如此，他再次成為作者，將他的第二部作品，分享給我們一干書迷，果不其然依舊是讀了個浪漫滿懷，而這種浪漫，不是廉價的我愛你之流的花式告白，而是一種用盡全力的傾訴，充滿愛的呢喃。

走筆至此，我望向躺在搖籃的女兒，心裡想著「爸爸也帶你出去玩，好嗎？」

何時旅遊執行長

楊宇杰

推薦序三

│給 Mete、Muna 的一封信－請記得你們的爸媽有多麼的愛你們。

那一天，趁著周末跟著正在進行徒步環島的迷斯也就是你們的父親，經過新竹市的時候，陪走了一段。從新竹南寮漁港，一路沿著海邊一直走到竹南火車站。距離新竹市也不過是 17 分鐘 22 公里的自強號距離，我們一路從九點走到下午四點。

路途中我跟他們聊了很多，聊著因疫情受影響的工作，聊對於他帶著你們一家人推著娃娃車環島的事情。我心裡對於你們父母願意相伴彼此天涯海角到處流浪感到羨慕。二個人從旅行路上相遇相知，到結成連理，再到有了愛的結晶，帶著這份恩賜，持續的走在旅行路上，這是多麼的難能可貴，也是多少旅人們的目標啊！

舉辦過近三百多場旅行講座的我，深刻認知到對於每一位旅人來說，「我們都只是在人生中流浪著，尋找著那幸福的烏托邦，受傷了再站起來，學會了堅強，然後再次踏上旅途繼續找尋。」我永遠記得，迷斯眼睛有光的說他現在很幸福，因為他已經找到他的烏托邦－一個可以全心陪伴著自己的依藍，願意為了他放下許多堅持與執著的人，而他也願意為她付出全部。有了她，走到哪都是幸福的烏托邦，2019 年 Mete 你的出生，雖然有點措手不及，但卻是幸福加倍，2021 年，Muna 的出生，讓你們一家人的幸福一轉眼三倍跳！

Mete、Muna，你們真的很幸運。你們的父母是走在世界的旅人，在環境安全許可之下，將自己最完整的時間陪伴你們，帶著你們走向遠方，用世界當作最直接的教育素材，或許這常被認為令人擔心的部分，但卻也是最深刻的、最直接的。不論你們是

否記得，你的父母是走在世界的旅人，但因為在多方考量之下，家人長輩的勸阻下，為了你們，放棄了許許多多的堅持，調整又調整了許多次當初的理想，你們的穩定生活變成了首要的條件，暫時將世界放下，爸爸重新成為了一位工程師，媽媽則成為一位在家邊照顧孩子邊工作的雙職母親。

孩子，你們的父母將最精華的時間獻給你們，同時，也將最美的世界帶給你們。沒有學習壓力只有許多異國風情，沒有關起來的幼兒柵欄，只有廣闊的雲南草原，沒有陌生冷漠的都市叢林，只有親切熱情的河內民宿媽媽、親切如奶奶般的印尼房東還有在青年旅館遇到的那些來自世界各地的哥哥姐姐的溫暖眼光。你要記得你曾經受過尼泊爾的山神與天女的祝福。你們在世界的旅途中成長、站立、茁壯。你們的父母用了 6 個國家、13 座城市作為養分培育了你們的童年，這是用多少的壓力與妥協換來的。

孩子，你們真的很幸運也很幸福，在未來，我相信你們一定也會跟著爸媽再次踏上前往世界的道路，你們要更懂得珍惜與感恩。而你的父親，更是將這段獨一無二的過程化作文字，集結成冊，記錄著數於你們的每一分感動、每一段快樂。而這本書，不僅僅是記錄著成長，也是你們一家人如何找到屬於你們的烏托邦的精采歷程。

這一切都得來不易，期待這故事可以發揚光大，讓更多人對於「幸福」的定義可以有更多元的詮釋。幸福不是一種固定的模樣，只要你們一家人隨時心靈相通，到哪都是你們幸福的烏托邦。

Sofa Story, 旅行講堂 主理人

CONTENTS 目錄

旅途一

Travel
ONE

寫給你的｜我 0 歲的兒子

「我是不婚族。」每當我面對她們的追求時，我總是這麼說。

這並不完全是為了打消她們的念頭，而是我真的沒想過要結婚，也沒想過會有小孩。也許是因為我對婚姻沒有什麼期待吧，一個人有什麼不好呢？

粑粑我（之後我就省略粑粑兩個字吧！）從小到大都不是一個特別突出的

懷孕。

人，在班上我是默默無聞的同班同學，在公司我也不是廢寢忘食的那種員工。有人說我懂得中庸生存之道，我倒覺得連中間我都排不上，中下吧，差不多。

有人說「爸爸是孩子崇拜的第一個偶像」。如同我小的時候也很崇拜你的爺爺一樣，將來你也會崇拜我（會吧？）。其實這讓我備感壓力。像我這樣如此平庸的人，誰能想像有一天會是別人（應

該就是你了）學習的對象。我不得不克己慎行、不得不小心翼翼的在你面前做好榜樣。但你真的會像我一樣嗎？又或者說你有必要像我一樣嗎？我跟我的爸爸就不太一樣，勇於嘗試的他永遠是我學習不來的事情，我沒有賭上一切的膽識，也沒有高瞻遠矚的雄才大略。這方面，你可以向你的叔叔學習，而我能給你的，就是在你背後義無反顧的支持。

※

我在畢業後的第四年就離開了公司，那是我在學校學習了六年才得到的工作，似乎沒有回本就毅然停止。你的爺爺奶奶都為此難過了一段時間，因為他們擔心我沒了穩定的收入會過上不好的日子。確實，往後一年半載的時間裡，我過得不是很好，但那些只是外在的缺乏，我的心靈比過往任何一段時期的我都來得充實。同時也是那段不是很好過的時光裡，我遇見了你的媽媽。這是誰都始料未及的，也是所幸我下了一個重大的決定——離開我的舒適圈。

在這裡跟你說這些，並不是鼓勵你去做一些父母不期望的事情，而是希望你成為一個有勇氣的男孩，勇於接受改變、勇於面對困境。我的經驗是：

事情總會往好的方向發展，運氣之神總會擁抱樂觀進取的孩子。

※

我們回到開頭的話題，關於我是不婚族這件事情其實已經不攻自破了，你就是證據。我跟你媽媽的相遇就像童話故事一樣，命中註定的緣分。在一開始她就知道我對婚姻沒有幻想也沒有期待，我曾經問她：「這樣妳還是願意跟我在一起嗎？」，你猜媽媽怎麼說，她說：「你會想結婚的，相信我。」

　　是的，我真的相信且也實現了，因為我找不到不娶她的理由。當然我相信在你年幼的成長過程中，她會是取代嚴父這一個角色的慈母，你可能某一天會問我為什麼要娶媽媽。我想我的解釋你也聽不懂，但我期待你也能遇到你的她，當然，那是很久以後的事情了。

　　我有很多話想對你說，有很多事情要等你一起完成。我會儘量做個好爸爸，你只管開懷的笑、盡情的哭鬧就行了。

給 18 天後出生的你[1] 2019.01.28 01：25

第一封信
聲音檔 QRcode

註 1　原定的出生日期是 2/15。

TRAVEL ESSAY.ONE

繼續還是停下？

May, 2018

◆◆◆

　　事情來的突然，那天早上我才辦完塞爾維亞（Serbia）的入境許可簽證，付了 60 歐元，然後下午就得知依藍懷孕。

　　「那……我們回去嗎？」我説。

　　「我不想，我想繼續走。」

　　沒想到先軟弱的人是我。彷彿知道孩子存在的瞬間，我所有的勇氣蕩然無存。我可能不敢再繼續睡公園，可能不再敢隨便跟不知名的陌生人去不熟悉的地方。此刻，我只想回家。

　　反之依藍表現得比我冷靜，她第一個反應是「在哪裡懷孕的？」她開始推算日期，同時細數我們敦倫之時。

　　「所以是土耳其囉！」她驚訝地大聲呼喊。

　　「可能是卡帕多奇亞（Cappadocia）太過浪漫了。」我一旁附和著説。

　　我試圖説服依藍回頭，買張方向往家的機票，但她不管如何都堅持繼續走。

　　「一旦回去了，我們可能就再也出不來，那不是我要的生活！」

　　這是我們第一次為了孩子吵架，儘管他（或她）才剛剛被驗孕棒的兩條槓證實存在。

17

這是南方城市培拉特（Berat）夜景，此有千窗之城的美稱，為世界文化遺產。

　　我想我是無法說動她了，所以我決定搬出父母這張王牌。先是我的爸媽，然後再來是她的媽媽，我相信輪番上陣，一定可以說服她回家。然而我猜到了開頭，卻猜不著這結局……。

　　「那你們就多多注意身體啊，重物都給男生揹，知道嗎？」我的爸爸這麼說著。我都懷疑是否聽錯，爸爸竟然同意我們繼續「負重」前行，她的肚子裡有你的孫子呀！你怎麼還支持她繼續在外面闖蕩呢？

　　「你為什麼不勸她回家呢？你為什麼不按照劇本走呢？」為了不讓依藍聽懂我說的話，我故意使用閩南語跟我爸說。

　　「你們都走了這麼久還可以懷孕，我想這寶寶應該就是注定要來當你們的孩子，你們小心點便是。再說吧，難道我要她回來就真的會回來嗎？」

　　話不投機半句也嫌多，與爸爸的對話草草結束後，我立刻撥了電話給未來的岳母（依藍的媽媽），我想這總會按照我的想法走了。

　　「哇，太好了，我有孫子了！」岳母先是開心，然後開始慢慢轉變為擔憂。我心裡想著：「趕快叫妳女兒回家吧！」

　　依藍為了不讓我知道她們的對話，全程用溫州話交談，我是半句也沒聽懂。一旁心裡急得像熱鍋上的螞蟻，但也只能乾等。溫州話號稱中國十大難學方言，在我耳裡聽來就是一堆黏著口水吐出來含糊不清的語言，我試著透過岳母的口氣去揣測她的想法。她們愈講愈大聲，我竟然期望這是在爭吵，期望媽媽用身分的落差去強迫孩兒回家。

　　著名的凱薩大帝在《內戰記》有那麼一句話：「**沒有人願意看到事實的全部，人們往往只希望看到自己想看的現實。**」我想就是那麼一回事吧！突然依藍用難以言喻的開心表情望向我：

　　「她竟然已經在想要買什麼衣服給孫子了。」

　　◆

　　塞爾維亞駐阿爾巴尼亞大使館位於首都地拉那（Tirana）唐尼卡‧卡斯特里奧蒂街上（Rruga Donika Kastrioti）[2]，有趣的是，緊鄰著的建築就是另一個國家科索沃（Kosovo）的大使館。在背包客的許多傳聞中，有一則就是關於塞爾維亞與科索沃的恩怨情仇。

　　聽說先去科索沃再去塞爾維亞會有問題，因為塞爾維亞不承認科索沃是個「合格的」國家，可以在 google 地圖上發現科索沃跟塞爾維亞之間的國境線是虛線。目前科索沃有 98 個邦交國，不包含塞爾維亞、中華人民共和國、俄羅斯等國。自 2008 年宣布獨立，是歐洲目前最年輕的國家，在首都普里斯提納（Pristina）青年及

體育宮前還聳立著「NEWBORN」的字樣象徵著新生。作為亞洲第一個承認它的台灣，卻有著完全不同的後續。

已經去過科索沃的我，對於要前往塞爾維亞大使館申請入境函還是有點擔心的。果不其然的在申請單上看見一個微妙的調查問題：

「請問您是第一次入境塞爾維亞嗎？」

我猶豫著要填寫是或不是，使館人員在一旁看我筆停駐在這題，她是位看起來應該有五十幾歲的婦女，黑褐色短髮，有銳利的眼神。她不胖，我還記得她穿的衣服是純白色的，她人很和善，並沒有打算為難我。

「恩恩，你去過科索沃嗎？」她説。

「……是的。」我沒有最佳答案，但我想誠實是唯一的出路。甚至我相信電腦可以透過護照查出我的出入境資料。

「那……這樣我算是去過塞爾維亞嗎？」我弱弱的問。

她朝著我微笑：「不算，你就填『是』吧！」

繳交完費用，她要我們兩小時後再過去，所以我們到附近 Sky Hotel 頂樓的旋轉餐廳休息。過去的路上，我們隨便找了一間有著紅十字（或綠色十字）招牌的藥局買了驗孕棒。

其實買不買都只是為了讓心頭上的疑慮一掃而空。因為依藍沒有任何的身體不適，也沒有發生所謂的孕吐。或許我們從來沒想過會是兩條線，單純想用驗孕棒證實月經「只是」遲到了而已。否則我們又怎麼會花錢去申請塞爾維亞的入境許可呢？然而多的那一條線確確實實的打亂了我們的計畫。

1
2
　　1 **2** 旅拍婚紗計畫，當時已知懷孕，在首都北方的一座名為克魯亞 (Kruje) 的城市拍攝。

註 2　唐尼卡 · 卡斯特里奧蒂是阿爾巴尼亞民族英雄喬治 · 卡斯特里奧蒂 · 斯坎德培（Gjergj Kastrioti Skënderbeu ）的妻子。他因為抵抗奧斯曼土耳其帝國的入侵而聞名世界。有點類似中國歷史上的文天祥跟岳飛。

有一種前進叫不曾忘記

June, 2018

◆◆◆

　　離開蒙特內哥羅（Montenegro），我們前往下一個國度波士尼亞及赫塞哥維納。這是我非常喜歡的一個國家。波赫的國旗背景藍色，中間有一個金黃色大三角形。三角形象徵組成波赫三個主要民族：穆斯林族、塞爾維亞族和克羅埃西亞族，同時也是代表三種不同的宗教：伊斯蘭教、東正教、天主教。我們常聽到的「**巴爾幹火藥庫**」，我想就是因為在波赫發生的戰爭太過慘烈。

　　在巴爾幹半島主要移動的交通工具大多是巴士，曾經也有鋪滿碎石的鐵軌駛過這些城市，因為政治還是經濟的因素不再使用，即使如此也不代表它們的馬路就一定又平又穩。滾滾黃沙攪拌著泥土，地面沒有鐵軌道卻仍充滿石頭，其作用也不是降溫或降躁，反而導致巴士因為晃動發出隆隆聲響。對於孕婦來說真的很煎熬。

　　有一個畫面我至今忘不了。車停在一條陌生路上，一位老太太對著司機說了幾句話，車就那麼停在了沒有站牌的路邊。老太太下車，那卡不大不小的行李箱，當初就是靠著司機抬上來，這次則是坐在前面第一排的少年幫忙搬下去。突然遠處一個小孩奔來，跌倒又站起來，軟泥巴沒有給他帶來太多疼痛，沾黏沙土的臉上，他的燦爛微笑沒有停止過。直到跑到老太太面前，他喊了一句我聽不懂的話，但我想應該就是「奶奶」之類的吧。

　　小孩想要接手少年搬下去的行李箱，但老太太似乎不肯，只好讓小孩在旁邊陪著。更遠處一名蒼老白髮的先生緩緩走來，少年等

著他，我們也在等著他。直到老先生接過行李箱，少年上車，老太太牽著孩子的手，三人往遠方離去。這個畫面我凝視了很久，巴士並沒有太快發動，好像也等著他們走了一段才離去。我拿起手機拍下那個畫面，可惜我拍不出那種感覺。

1
2
3　**1 2 3** 為文章提到的畫面：小孩想要接手少年搬下去的行李箱，但老太太似乎不肯，只好讓小孩在旁邊陪著。更遠處一名蒼老白髮的先生緩緩走來，少年等著他，我們也在等著他。直到老先生接過行李箱，少年上車，老太太牽著孩子的手，三人往遠方離去。

在車上的時間很多，需要的塑膠袋也很多。依藍孕吐的次數逐漸增多，不明白的乘客會過來關心，一些有經驗的婦女會過來拍拍她的背。還未出世的孩子已經為我們帶來完全不同的旅程了。

我們在波赫停留了兩個城市，分別是莫斯塔爾（Mostar）與首都塞拉耶佛（Sarajevo）。

莫斯塔爾是個很悲情的城市，最熱鬧的那條街是一片破瓦寒窯，兩旁房子牆上滿是坑坑洞洞。那確實是人為的，但不是用手摳挖出來的，而是食指按發，一系列機械連動效應，從槍裡射出的子彈造成的。這還是屬於「至少能居住」的房子。旁邊還有幾棟明顯磚瓦凋零剝落，甚至沒有屋頂的樓房，顯然被手榴彈或機關槍關照過。

走在這條街上會發現不少石頭或牆角寫著一句話：

「Don't forget 93」

別忘了那年你們走向獨立有多艱難，別忘了那年之後你們就是個獨立的國家，別忘了是他們的犧牲才換來今日的結果。

波士尼亞境內最大的河流內雷特瓦河（Neretva）將莫斯塔爾一分為二，中間有一座「老橋」連結兩岸。今天這裡已是一座世界遺產[3]，橋的周圍形成新的商圈，來往的人們都可以在橋上一隅的解說牌上看到哪些國家為重修老橋付出多少金額。不懂的人會覺得這些國家很有愛心（也許真的有些國家是如此），殊不知這是戰爭結束的秋後算帳。其中以克羅埃西亞付出的費用最高，也間接道出戰爭的最大加害者是誰。

　　◆

　　我們住在一間青旅，老闆娘接待過很多台灣來的遊客，對我們並不陌生。在門口旁的國旗牆，中華民國的國旗不偏不倚的剛好在正中央，這讓我有種莫名的好感，相信這是一間不錯的旅館，而事實也是如此。

　　當依藍微微凸出的肚子被發現，青旅的旅人都過來祝賀，青旅老闆娘問我們要不要多一條棉被或是早餐需不需要微調成依藍比較能接受的口味。我想我們會在這裡住上一陣子。

1 2 3

1 2 3 為文章提到的畫面：

走在這條街上會發現不少石頭或牆角寫著一句話：

「Don't forget 93」

別忘了那年你們走向獨立有多艱難，別忘了那年之後你們就是個獨立的國家，別忘了是他們的犧牲才換來今日的結果。

房間裡有另一位法國少女叫 Sophie，雖然在未來的一週裡我們並未一同出門過，但每次晚上回到房間總會互相分享那天去了哪？吃了啥？而另一個更有共鳴的話題則是世界盃足球賽。當時的法國隊勢不可擋[4]，一路挺進 32 強，眼看就要對上足球強國阿根廷。我在大學足球隊裡的制服就是阿根廷隊，自然也就比較支持阿根廷。每當有球賽或是重播，Sophie 會特地回來收看，當然我也會在。

　　◆

　　在最熱鬧的那條街上還會看到許多吉普賽人（房東對他們的稱呼）在街頭遊蕩，通常的組合是一個婦女抱著一個嬰兒，然後旁邊跟著三四個小朋友。婦女大多只會伸出手來要錢，小朋友們則會一直尾行騷擾著。

　　打從知道依藍懷孕後，所有的行李都變成我一人承擔。為了減少負重，我們開始把一些用不到的衣物捐贈出去。在阿爾巴尼亞我們請揪吉娜[5]幫我們轉送給窮人；在蒙特內哥羅則是請青旅的老闆幫忙。這次在莫斯塔爾看到這些吉普賽人，我們打算再捐出一些衣服。

　　通常那些小朋友穿的都非常骯髒甚至沒穿，我也不是很確定他們的處境是裝出來的還是事實如此，但是比起垃圾桶，我更願意給他們。

　　於是某天我拿著剛買好的麵包跟幾件外套往街上走，沒多久幾個小朋友靠過來慣例的伸出手：

　　「我有麵包跟衣服，你們想要哪個？」我說。

　　「我們要錢。」他們倒是很乾脆。

　　「可是我只能給你們這個，你們都不要嗎？」我拿出手上的麵包跟外套。

1	3
2	

1 為文章提到的青旅：我們住在一間青旅，老闆娘接待過很多台灣來的遊客，對我們並不陌生。在門口旁的國旗牆，中華民國的國旗不偏不倚的剛好在正中央，這讓我有種莫名的好感，相信這是一間不錯的旅館，而事實也是如此。

2 為另一間青旅的塗鴉，也把台灣國旗擺在了正中央，可見來此的遊人數量應該不少。

3 為文章提及的法國女孩 Sophie：房間裡有另一位法國少女叫 Sophie，雖然在未來的一週裡我們並未一同出門過，但每次晚上回到房間總會互相分享那天去了哪？吃了啥？而另一個更有共鳴的話題則是世界盃足球賽。

「那我們只要麵包。」正當我疑惑著他們不要外套嗎？突然一個小孩問我能不能也給他衣服，我便把外套給他。

我轉身打算離開，拿著外套的小孩叫住我，他把外套攤開，一個個的檢查口袋裡面是否還有其他東西。我猜想他是想碰運氣看看有沒有錢之類的遺留物。沒找到任何東西後，他把外套扔在地上，兀自的離去。我雖然有種不爽的感覺，但誰叫這是我自找的呢？

我撿起外套，想著拿回去給房東處理，路旁一個遊民（是個老人）向我招手：

「我這件又髒又破，既然你不要了，能不能給我呢？」他說著流利的英文，手指著身上那件殘破的外套。

「當然可以！」遊民接過外套，直接穿上，笑了笑離開了我的視線。

◆

我們在莫斯塔爾停留一週，幾乎都是我一個人出門。中餐與晚餐則是自己吃完再買回去給依藍。莫斯塔爾的消費很低，外帶的費用不比自己煮的高，所以在這我們都沒有開鍋。

每次日落我總是一個人走到老橋上，遠眺太陽沉進內雷特瓦河，然後月亮高高懸在天上。莫斯塔爾的老橋見證著一切，被毀壞的橋身已重建超過 15 年，曾經承載的是穿著墨綠裝的士兵踏過，今天則是五顏六色不同語言的觀光客走過。我想這樣比較好吧！

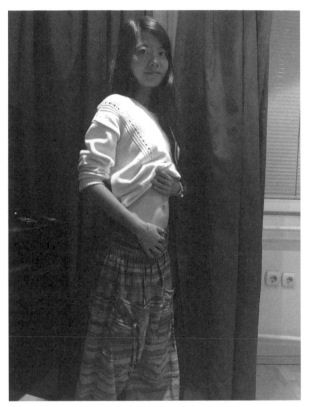

為依藍懷孕剛懷孕不到兩個月時,在青旅拍攝。

註 3 莫斯塔爾於 2005 年通過世界遺產標準 vi 成為世界文化遺產,也是波士尼亞
　　　第一個世界遺產。全名為莫斯塔爾舊城和舊橋地區(Old Bridge Area of the
　　　Old City of Mostar)。

註 4 2018 年莫斯科世界盃冠軍即為法國隊,再來則是克羅埃西亞、比利時。

註 5 揪吉娜(Xhorxhina)是我在阿爾巴尼亞最好的朋友,我們在同一間青旅打
　　　工,他除了當地語言外,還能說出流利的土耳其語、義大利語以及英語。
　　　在 2018 年末因罹患白血病離開青旅。

謝謝你，不早也不晚

June, 2018

◆◆◆

　　莫斯塔爾與塞拉耶佛之間有鋪設鐵軌。聽說南斯拉夫（Yugoslavia）時期（1945年～1992年），從貝爾格勒（Belgrade）[6] 有著向外散布著網狀般的鐵軌以連接各個城市，今天波士尼亞境內的鐵路就是當年的產物。

　　跟鐵路相比，巴士還是更多人的選擇。通往塞拉耶佛的火車班次，一天只有兩班（06：36&17：09），不想太早起床，就只能選擇下午出發。青旅的老闆娘讓我們繼續待到下午再辦理退房，我們吃過午餐，依藍還能小憩一下。

　　波士尼亞的火車比想像中高級，除了一般的座位，還有類似和欣客運白金臥艙兩排椅一樣的座位，某一節車廂內還有吧檯可以點酒類飲品。火車票當天早上購買都能買到，似乎真的沒有太多人搭乘。

　　我們在塞拉耶佛住的青旅樓下是戲院，旁邊是酒吧。也許是因為這樣，入住的人數比想像中的少很多。年輕老闆娘直接把一間六人混房（三張上下舖）給我們。廚房在走廊盡頭，因為老闆娘也住在這裡，所以廚房該有的設備都有，甚至調味料也一應俱全。我們在附近的菜市場買足了食材，塞進冰箱，沒意外又會待至少一週。

　　跟莫斯塔爾一樣，大多時間還是我一個人閒晃，依藍則待在青旅安胎。孕吐的頻率愈來愈高，每天想吃的口味都不一樣，也許這天是酸的，明天可能就變成甜的；可能今天想吃番茄，明天又突然

為塞爾維亞首都貝爾格勒（ Belgrade ）的街景，建築物牆壁上的裝置藝術是時鐘，根據亮燈可以知道當下的時間。

想吃葡萄。有時候夜裡吐到肚子全空而肚子餓，我會煮碗湯麵或是加熱白天買的麵包給依藍充飢。

　　有時候我會困惑「 為什麼我們還在國外？」而不是待在熟悉的環境裡休養？

　　我們「 原本的 」計畫是從塞爾維亞飛往西班牙，然後前進中南美洲，待到懷胎七個月再回台灣待產。然而現在卻裹足不前，隨時有可能回頭。應該說，只差依藍一個轉念，這場旅行真的就到頭了。

　　夜裡的青旅依然不安寧，廚房光亮的時間比黑暗多。金屬碰撞聲響不斷，那是我洗碗洗盤子的聲音。老闆娘怕我忙不過來，時常出現在廚房等著幫忙，也因此我們有了很多的談話。

　　「 你恨塞爾維亞嗎？」我問她。

　　「 那是場恐怖的內戰，但我不恨他們，畢竟那是政府引起的。雖然我的家人因為戰爭而死去。 」她接著說：「 我們要學著和平相處，還有放下。 」

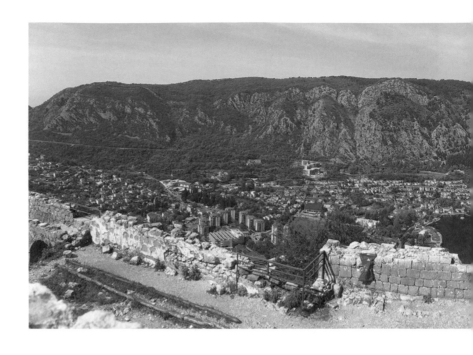

　　沿著米里雅茨河（ Miljacka River ），兩岸的建築物也如同莫斯塔爾一樣充滿彈孔。那是內戰時塞爾維亞留下的傷痕。

　　在不遠的 Veliki 公園裡有一座名為「 **呼喊兒子** 」的銅像。傳聞內戰期間，塞爾維亞軍人承諾一位爸爸，只要能叫兒子出來投降，他們不會對他們做任何事，然而戰後卻在另一個城市的亂葬崗發現他們的屍體。

　　「 我們有三個總統……」她繼續説。

　　這場內戰的結果就是波士尼亞成功獨立，但也同時分裂成三個小群體。各自有首都、政府、國旗、國徽、總統、議會等。全世界大概只有波士尼亞這樣。

　　「 我們為了死亡而出生，因為出生而注定死亡。彈痕無處不在，『 希望 』從彈孔裡滋長。仇恨是上輩子的事情了。現在大家都

為前往塞爾維亞途中經過的城市柯托 (Kotor) 峽灣全景，需登上柯托堡壘才能看到。

是朋友，遠親不如近鄰，互相尊重的基礎下一起前進吧。」老闆娘這麼說著。

　　一週後，我們再次啟程，前往塞爾維亞。從塞拉耶佛到塞爾維亞的貝爾格勒只能搭巴士，意味著我又要準備不少塑膠袋了。

　　　◆

　　貝爾格勒是個非常大的城市，不難想像這裡曾經是南斯拉夫的舊首都。人潮擁擠與現代化程度都比巴爾幹半島其他城市高了許多。

　　一開始我們依舊住在青旅，但也漸漸的發現不合適。為了因應時不時來一下的孕吐，還有依藍詭譎多變的口味（雖然她總說那是肚子裡孩子的問題），我們需要找一個有廚房又有獨立廁所的房間。

透過青旅老闆的推薦，我在城市另一側找到適合的房間，同時這也是我們這趟旅程最後待的地方。

「要買去西班牙還是回家的機票？」這個問題從我們入境塞爾維亞後就不斷地被提出來，但一直沒有答案。我知道依藍不想就這樣結束，其實我也不想。但這樣的旅遊品質是我們要的嗎？其實我心裡早有答案，只是我不想壞了依藍的興。如果這不是她願意的，逼她回去又能如何？

結束婚旅，飛往上海途中，於卡達轉機時拍攝。

「回去吧……」依藍說。

「我知道這個抉擇不容易，但這會是一個好決定。」我說。

「我們的旅行結束了嗎？」

「旅行永遠不會結束，但下一次不會只有我們倆。」

回去，然後呢？

這是每個旅人都會面臨到的問題。

對一艘沒有目的地的船來說，任何方向來的風，都是逆風。

「你打算回科技業嗎？」

「不回去，就是希望有不一樣的人生才離開的不是嗎？」

「那我們要怎麼養小孩？」

「鐵飯碗不是一個地方吃到老，而是到哪都有飯吃。我們會有辦法的。」

在塞爾維亞逗留兩週後的某天，我們決定回家，從首都貝爾格勒飛往中國浙江溫州。

行李多餘的東西此刻不再需要。我們留下為了這次旅行買的電鍋、沒用完的調味料、一些用不上的衣物。將行李簡化到只需要我的背包能裝下的程度。空出雙手讓我們牽著。

這是屬於我們倆的愛情故事：

帶著四套婚紗，一個電鍋，相約泰國。我們一路向西，在街頭找尋願意幫我們拍攝婚紗留下回憶的路人。一套套婚紗照，雖然沒有專業的攝影師，但有濃濃的人情味，說不完的故事。因為有了美麗的意外而駐足歐洲。

謝謝你，孩子，你來的不早也不晚。約定好，下一趟三人都不缺席的旅行。

◆

一個故事從結局開始說起，可能有些奇怪。不過，所有的結局也都是開始。只是在發生的當下我們不知道而已。塞爾維亞是我們倆故事的終點。

四個月後，我們回到台灣。

七個月後，Mete 誕生。

十個月後，我們再次踏上旅途。

註 6　貝爾格勒除了是現在塞爾維亞的首都外，也是當年南斯拉夫聯邦的首都。

旅途二

---◆---

Travel
TWO

為你寫首詩｜給滿月的你

不得不告訴你。

我曾期待會是個女孩，
至少在當我知道是男孩時，
我是有那麼一點點的小失落。

我希望你能原諒我，每
個做爸爸的，內心裡都希望
能有個小女兒。

一個月。

你媽媽所在的地方，對於懷孕的政策跟臺灣不一樣，你的性別
是不能說的秘密。醫生們三緘其口，聽說如果哪位醫生洩漏了天
機，可能會引來不少麻煩。不過也多虧了這七個月謎樣般的生活，
我幻想著跟女兒的點滴，當我摺著奶奶買給你的粉紅色衣服，我內
心還竊笑著：

「當你叫我爸爸的時候，我該怎麼掩飾我的快樂！」

時間來到你降臨的第八個月，媽媽帶著你越過黑水溝來到臺
灣，第一次的產檢，醫生毫不猶豫地說：

「恭喜你，是個男孩。」

你媽媽才是那個該學著掩飾快樂的人。

❊

我必須對你坦白，我是花了一兩天去適應真正的你。其實不管是女兒還是兒子，都將會是我的世界、我的一切。

　　你誕生前的幾個小時，我陪著媽媽努力。我們嘶喊著，用盡全力的要將你生下，我第一次看見媽媽這麼疲憊，第一次因為母愛而感動流淚。

　　我陪著媽媽進了產房，我是除了醫生外，第一個見到你的親人。在我們相遇後的三分鐘，你才與媽媽相見。我頓時覺得責任來了，我知道我要照顧你，至少在你能自主之前，我會是你無可撼動的靠山。

　　你出生後的十分鐘，那是你第一次入我懷裡。你偷著光的眼眸，細長如飛葉的眼睛，在你的黑白世界裡，是否已經有我的蹤影。

　　接下來的幾天，我的手肘成了你的枕，我的胸膛變成了你的床，你依靠著，隨著我的呼吸規律的起伏著。你半開的嘴唇，好像已經準備好跟我說話。

　　出生後的第四天，你因為黃疸過高，被送到加護病房，那是你離媽媽最遠的一次，也是我們倆單獨相處的日子。你眼睛貼著紗布，只能靠聽覺來找尋我的方位，我幾次在你耳邊呢喃，唱著我跟媽媽的定情歌，你安靜的聆聽著，入睡也無妨。

回家後，我仍然是你的最佳夥伴，打理著你的食衣住行育樂。為了讓媽媽做好月子，從你在水裡遨遊，到幫你替換尿布，一手包辦。

有時候我想著，我是何其幸運，可以從你出生到滿月每天都陪伴著你。我的一些朋友因為工作的緣故，只能在下班後，帶著倦容看小孩幾眼；或是因為過少的接觸，總是被另一半嫌棄，是個啥都不會做的爸爸。

你愈長愈大，還好我每天都有幫你留下影像，我可以一手抱著你，一手滑著手機，翻閱初生的你的樣子比較。不管是剛出生，還是現在，都很可愛。

❀

我們相處的時間，至少在這一個月裡，遠遠超過任何一位家人。當然，我仍然解讀不出你的哭聲，也只能猜想，也許是餓了，也許是尿布濕了，又或者是懷念我的抱抱。

滿月了，好快。我可以很清楚地想起你誕生那天在產房的畫面，我想那會是我一輩子都不會忘記的回憶，哪怕我老了，我都會記得。

❀

子頤，是我取給你的名字。在傳統的家庭裡，要自己取名不容易，那是我跟爺爺爭論了好幾夜才有的權利。我不是什麼命名學專家，但我是很用心地幫你想好名字。頤這個字有養生，謹言慎行的意思，我是從愛蓮說作者周敦頤那裡得到靈感，也希望你能出淤泥而不染。

隨著滿月過去，我也不能不出門賺錢。我看著去年幫自己今年安排的工作量，不禁心裡恨恨著，我是多麼的想要永遠陪著你。我安慰著自己，很快就回來，然後再讓我抱抱你。

❀

我的孩子啊，我的孩子。
你小小的啜泣，勾起了我的憐惜／
你纖弱的身子，掀起了我的責任／
你伸出小手，想抓住星星和月亮／
你依偎著我／
讓我做／
你眼裡的英雄。

給出生（農曆）滿月的你 2019.03.13

第二封信
聲音檔 QRcode

我被騙了三十年，
原來溫州沒有大餛飩

September, 2018

◆◆◆

「對了，難得來溫州，這次我要嘗嘗看正宗的溫州大餛飩！」
我興奮地說著。

「問題是，溫州沒有大餛飩啊！」

飛機在跑道上滑行，從窗口往外看，是好久不見的中文：上海
虹橋國際機場。

從上海到溫州，坐動車大約要四小時半。沿途會經過杭州、寧
波等大城市。但我們無心停留，目的地只有家。抵達溫州車站還要
再轉公車才能到依藍住的地方。聽說是因為地質的關係，溫州沒有
發展地鐵，公車還是最方便的交通工具。

公車開進鹿城區 [7]，那是依藍居住的地方。三站、兩站、一站，
我幫忙數著。距離愈來愈近，我在站牌旁的人群中彷彿看見岳母那
熟悉的身影。當車子停靠，岳母已經站在一旁等著。我們發現了
她，她也發現了我們，有那麼幾秒鐘，時間好像停止在她們母女倆
的眼眸中。是阿，上一次回來，是為了整理岳父離開後要辦的事務。
自那時候起，岳母就是一個人生活著。

溫州市最熱鬧的地方：五馬街。

記得當時我要帶依藍離開，去環遊世界的時候，岳母跟我說的話：

「好好對待她，我只有一個女兒，你帶走的，是我的全部。」

◆

這次回溫州，除了讓依藍好好休息外，還要緊鑼密鼓的準備結婚的瑣碎事。溫州跟台灣在結婚習俗上有非常大的不同，從聘禮到婚禮會場都完全不一樣。在一個台灣人眼裡，那簡直只能用「奇特」或「不可思議」來形容溫州的婚宴習俗。

「你得找 9 個伴郎來。」依藍說。

「9 個？為什麼需要這麼多個？」這還是第一次聽到需要這麼多個伴郎。

「伴郎伴娘各 9 個，加上新郎新娘不就是『十全十美』嗎？」

◆

「我們得討論一下現場需要買幾個聚光燈？」依藍說。

「那不是一筆錢就包含所有內容嗎？」我再次露出疑惑的表情。

「不是阿，我們這裡所有項目都分開算，聚光燈、舞台背景、階梯等等都有各自的價錢。你說的那一筆錢應該只是餐點吧？」

◆

「你覺得我們一桌要多少錢的？一萬二、一萬三還是一萬五？」依藍問。

「你說的一萬二用的是什麼單位，人民幣還是台幣？」我真的是愈聽頭愈暈。

「當然是人民幣啊！」

「這包含了剛剛妳說的那些細項嗎？就是燈光、舞台什麼的。」我不得不計較這些東西了。

「不包含。」

太多的超乎我想像，一位在杭州工作的台灣朋友問起我的婚禮時，我直接勸他別來，理由是「你可能吃不起」。

更特別的是，訂婚與結婚兩個場次來的都是同一批人。也就是張三結婚，他的朋友李四會連續來吃兩場喜酒，而第一場完全不用包紅包，還有小紅包跟一包菸可以拿回去，直到第二場來的時候再包就好。

「不怕有人吃了訂婚場，結婚場不來嗎？」

「在溫州，沒人敢這樣，那會丟全家族的臉。」這真的是面子比什麼都重要。

◆

這是我第一次長期居住在溫州，對我而言仍像是一場旅行。雖然同是中文字，中國話，但有著完全不同的思想與生活方式。

記得有次到早餐店購買早餐，心裡想著買個肉包回家吃，但老闆卻給了我一個饅頭……。

「老闆，我要的是肉包子，不是饅頭。」

「這就是包子啊！」老闆堅定的口吻讓我一度懷疑自己活到三十歲的認知是不是出錯了。

「媽媽，你說這是包子還是饅頭？」心有不甘的我拿著我認為的饅頭（老闆認為的包子）回家詢問岳母。

溫州市區街景。

「這是包子阿。」岳母不假思索的回答讓我二度懷疑自己真的錯了嗎？

「依藍，你說，這是包子嗎？」我拿著岳母跟老闆都認為的包子（我認為的饅頭）有氣無力地問老婆。

「你傻喔，這明明是饅頭啊！」頓時我眼睛一亮，終於找到一個願意跟我說實話的人，但岳母跟老闆為什麼要對我撒謊呢？

「喔喔，因為在溫州，包子和饅頭跟一般人說法剛好相反，有包餡的我們叫饅頭，沒餡的我們叫包子[8]。」依藍竊笑著我被她們的文化玩了一次。

對我而言，在異地生活是一場冒險，腎上腺素推著我去探索，去當個漂泊的異鄉客，但我沒有辦法放飛自我，因為太多的結婚手續要辦。

兩岸結婚要辦的手續比想像中的繁瑣許多，整個處理完到接依藍來台灣大約要花三個月時間。辦完後的心得是：「台灣簡直是把她們當賊看了。」

在幫新住民辦理入境申請時，移民署會到台灣這方的家裡作「家訪」，家訪的目的只是為了「確認這不是一場假結婚」，來訪者會問很多你可能不記得或根本不會去留意的事情。譬如：

「你們第一次約會的餐廳在哪？有幾層樓？吃什麼？」

「對方有幾個兄弟姊妹？做什麼工作？」

「對方家裡衣服平時都是晾在哪？」之類的離奇問題。

等到另一半要入境台灣時，她會被帶到小房間「面試」。機場移民署人員可能會把「家訪」的問題反過來問她，或是來一場心靈默契大考驗，兩人會被帶到不同房間問一樣的問題，看看是否有落差。

我還記得當時被問的一道題目是：「你知不知道老婆戶頭裡有多少錢？」。後來發現，我回答的數字遠遠小於依藍的正解，我才

知道我娶了個小富婆。

　　兩岸結婚在結婚證上也有明顯的差異。台灣登記後只會在身分證背面的配偶欄上增加另一半的名字，但在中國大陸則是會有一本結婚證書。打開證書第一頁，一張紅色底的雙人合照奪人眼目，這是每一對新人都必須拍攝的照片，所以不能馬虎。照片的規矩很多，有點類似申請護照時的規定。眼睛正視相機鏡頭拍攝，兩眼必須張開且清晰可見，表情自然不誇張且嘴巴合閉；頭髮不得遮蓋到眼睛任一部分，並呈現清楚的臉型輪廓，不能側向一邊或傾斜。總之不能隨便，否則會有被退回的可能。

◆

　　依藍在溫州待了四個月，肚子一天天變大，有人說懷孕是一個女人最美的時刻，漫長的過程中，快樂地痛苦著。我們記錄著每個月的變化，隔著肚皮聆聽生命的鼓動。我倒數著回台灣的日子，岳母也倒數著，對她來說，那是女兒即將為人母，卻也是即將飛離她的日子。

　　我們離開溫州的那天，箱子裡裝著幾套冬衣，手裡拎著岳母給台灣家人的心意。依藍的手不在我這，在岳母溫暖的臂彎裡。辦完登機，她們相擁著。我靜靜地在一旁等著，直到岳母對我說：

「好好對待她，你也要好好照顧自己，你們是我的全部。」

註7　溫州市人口約有 920 萬，總面積 12,065 平方公里，相當於台灣東部宜蘭、花蓮、台東的總和。溫州市現轄 4 個市轄區，其中鹿城區是溫州經濟、政治、文化的中心，也就是我們俗稱的「蛋黃區」。另外溫州也是浙江省排行第三的大城市，浙江省汽車車牌第一個英文字母除了可以辨別車主來自何處外，聽說還是各城市的經濟排名。浙 A 是杭州，浙 B 是寧波，浙 C 即為溫州。

註8　溫州話的饅頭叫實心包，用溫州普通話說的時候就變成包子。而有包餡的包子就變成饅頭。

這是你第二個家，而我是你的歸屬

November, 2018

◆◆◆

2018 年 11 月 11 日，我的配偶欄從此不再空白。

並不是刻意選在光棍節這天去登記，單純只是我們興奮的想趕快登記。於是在回台灣的隔天就衝到戶政事務所辦理，然後才發現是 11 月 11 日。

在中國大陸，醫護人員是不能把肚子裡孩子的性別說出來。也因此我們一直不知道懷的是兒子還是女兒。回台灣的第三天，我們準備前往台中榮總醫院檢查，因為依藍的血型特殊（RH 陰性血，俗稱「熊貓血」），只有榮總可以處理。

「爸爸，你希望是孫子還是孫女？」在出發前，依藍想先打聽一下我父母的意向。

「沒有差，是男是女都好，都是寶貝。」我媽也是一樣的說法。

「沒有壓力真好。」依藍開心的跟我說。

幾個小時後，真相大白，確認過那話兒，是個兒子，也立即幫他選了 Mete 這個含有勇士、王者意思的土耳其名字。

「爸爸，恭喜你有孫子了！」依藍開心的跟爸爸說。

結婚證是在中國大陸結婚時領到的冊子，證書內必須要有一張紅底的結婚照，
相比於台灣只有身分證配偶欄的改變，似乎結婚證更有一種儀式感。

「 其實吼，台灣傳統還是比較喜歡兒子，這樣妳比較不會有壓
力。」只見爸媽眉開眼笑的。

「 我竟然就真的信了⋯⋯。 」依藍小小聲的在我耳邊呢喃。

◆

這次回台灣，意味著我們的旅程暫時要告一段落，至少在 Mete
出世之前是不可能出國了。也是這個時期我開始出現在咖啡廳、青
旅、學校或企業單位演講，分享我與我們的旅行故事。我發現我的
故事竟然可以激勵人，給予裹足不前的人們前進的力量。開始不斷
有人透過臉書跟我說：

「因為你的分享，我決定去旅行！」

「因為你的分享，讓我相信我也可以做到！」

「因為你的分享，我知道了勇敢前行，世界就會在我腳下！」

◆

我也開始展開我的新工作，那就是成為一名領隊。

我在 2019 年的一月認識了一群有著共同理念的年輕人，他們有像我一樣海歸的旅人，也有在旅遊業打滾多年的圈內人。我們的第一次接觸相處融洽，他們對創業夢想的刻畫很清晰，彷彿近在眼前，或說是胸有成竹，只等時機到來便可一蹴可幾。

「希望你能加入我們的團隊！」Eva 說著，她也是一名環遊世界海歸的旅人，有著豐富的閱歷。此刻她已是一名領隊，以半自助旅行的型態帶領客人體驗背包客的旅行方式。

「你們預計什麼時候成立呢？我是說旅行社 ⁹。」

「如果一切順利，六月或七月吧！」

就這樣，像是提前簽屬合約一樣的口頭諾言成立了。一邊等著他們創業，一邊我也早已開始嘗試帶團。透過與其他背包客合作的方式，我也累積了不少經驗。

◆

依藍在台灣的日子過得很快，為了不讓她無聊，我帶著她環島。這是她第一次深度認識台灣。同時我也介紹了幾位也是從對岸嫁過來的姐姐給依藍認識，讓她可以用鄉音聊天。時不時地帶著她嘗遍不同省分的特色菜館以一解鄉愁。

台灣將是依藍第二個歸宿，第二個家，我相信她眼裡的台灣是塊美麗的寶島。

拍攝於烏日知高圳。

註9　旅行社在 2019 年 7 月正式掛牌，命名為『何時旅遊旅行社』，駐點在苗栗市。而我也如約的加入期下品牌『輕裝上陣－半自助旅行』擔任副團長。

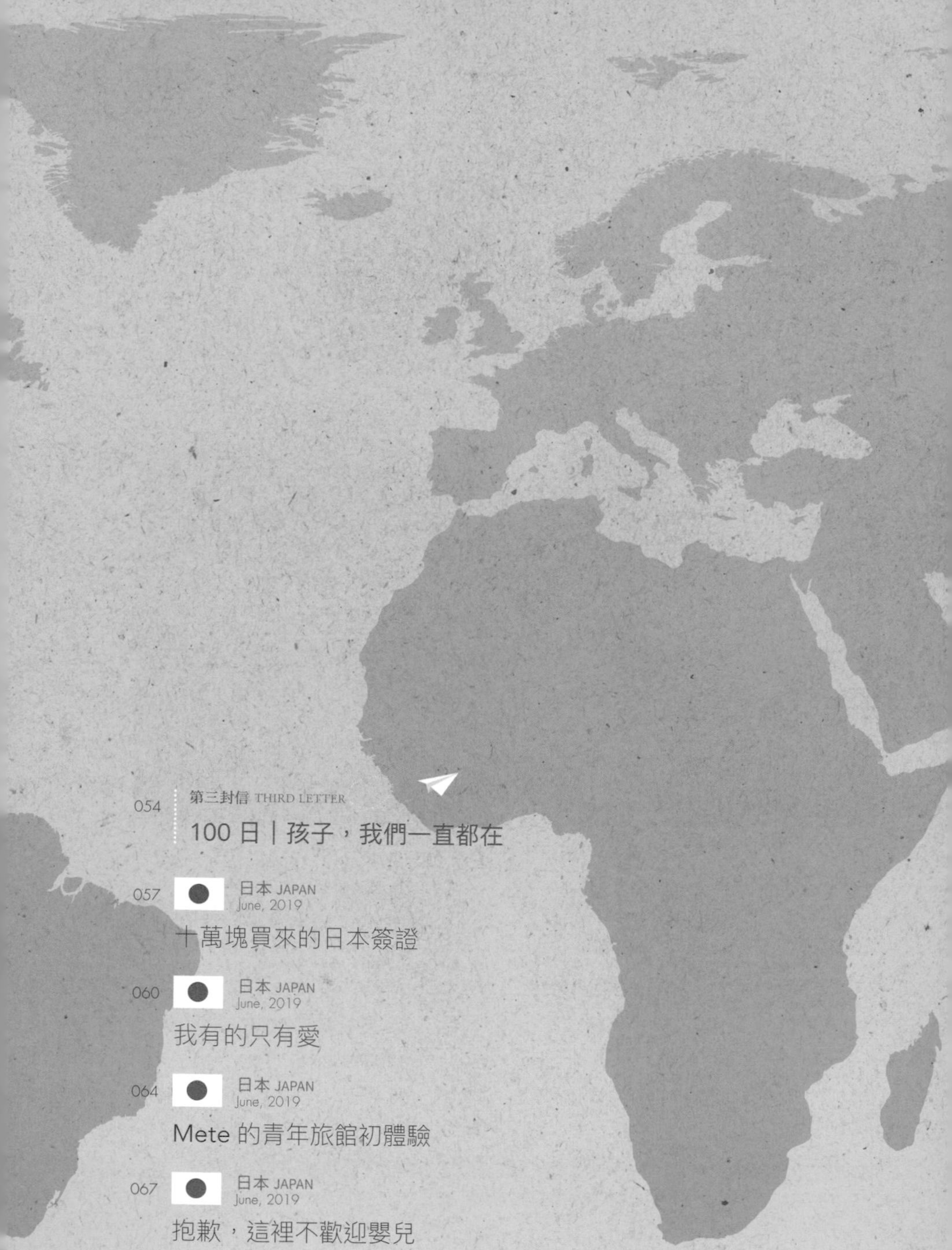

旅途三

—◆—

Travel
THREE

100 日｜孩子，我們一直都在

我想跟你說，今天是 100 天，也就是你陪伴在我們身邊有 100 天囉。

同時也要跟你說聲抱歉，也許以後你會覺得我們不夠親密，因為在這 100 天裡，有大概 40 天我

滿百日。

不在你的身邊。每一次我從國外回來，你看到我的第一眼總是先疑惑然後接受，也許是你已經記住我的味道了。

「年」這個單位對你應該還很陌生，很快的，你就會用到了。現在還是暫時的用月或天來計算你的成長吧！

從你來到我們身邊，我對你的期望就一直沒變，就是希望你健健康康的長大。你的媽媽常說，等哪天你叛逆期到了，我跟你的關係很可能會暫時的進入一段冰河時期，那層父子間的牆，我會儘量的別讓它築起。

❀

隨著你漸漸長大，我抱著你，感受到的真實感也愈加的穩固。老實跟你說吧！我還沒有當爸爸的覺悟。我時常問你媽媽：我做的好嗎？因為我沒把握，所以才會試圖從她口中得到一點點的自信。

最近這一個月，你學會了吃手手（尤其是大拇指），對自己的手指感到好奇而不斷玩弄；你開始發出伊伊啊啊的聲音，還因為好奇心而仰起了頭，左顧右盼。更重要的是你學會了微笑，你得知道，這是上天給你最棒的禮物。

我從你的身上也學到了很多，你讓我知道「成長」不是一蹴可幾，讓我知道「進步」是層層累積；你讓我們學習愛、學習珍惜每一天，因為時時刻刻都有驚喜，且值得我們關注著。有人說孩子是父母的黏著劑，這是真的。有了你以後，我們像個團隊一樣照料著你，才知道我們是如此的琴瑟合鳴。不過有時候你無故的哭鬧，真讓我們不知所措。體諒我們是新手，來學習當你的爸媽。

❀

100 天在地球上的生活，不知道你內心是怎麼想的，因為你還不會說話。我們期待你叫出「粑粑麻麻」那天，到時候再來跟我們分享你的內心世界吧！當然，前提是你還記著的話。最後粑粑麻麻要跟你說，我們愛著你，永遠。

❀

——Mete——

這是一個土耳其名字，給男孩的，代表著「英雄」、「勇氣」。這是我孩兒的名字。

將來我的小孩長大也許會問我：「這名字怎麼來的？」

我會跟他說：「這是一位土耳其叔叔幫你取的，因為你是我跟媽媽在土耳其收到的禮物。」

這個名字的由來其實在中國古籍裡面是有跡可循的。Mete 在突厥語裡發音就類似「Mo-do」，當我問土耳其朋友 Racy 時，他似乎也不能完整的說出這個名字的由來，但他說：「這個名字在我們這裡就是英雄，就是榮耀的代名詞。」

我在網路上搜尋，Mete 來自於冒頓單于，頓時心裡一驚。

「這不是把老痞子劉邦圍在白登山那位嗎？」

當然在中國史書裡面有很多負面的記載，不過如果今天有匈奴本紀（或史記）大概對這位就是大書特書了。不同立場角度有著不同的解釋。

Mete 阿，我的孩兒，希望這個名字能讓你的人生道路不盡然一帆風順，但都能乘風破浪迎刃而解。

筆於 2019 年 5 月 16 日

第三封信
聲音檔 QRcode

TRAVEL ESSAY. ONE

十萬塊買來的日本簽證

June, 2019

　　我從沒想過去日本要辦簽證，至少從我有護照以來就一直享受著免簽的優待進入日本。但依藍沒有這項待遇，她必須申請觀光簽證才得以進入日本，這也讓我有了第一次辦簽證的經驗。

為什麼第一站選擇日本？

　　在 Mete 還沒出生前，我們就已經查過各大奶粉品牌，要找尋適合長途旅行的牌子不容易，最後由日本明治奶粉雀屏中選。理由很簡單，因為明治奶粉有一款產品是塊狀的，跟一般粉狀不一樣，名稱叫樂樂 Q 貝。

　　Q 貝的包裝是條狀，每條裡面有 5 塊，一塊可泡 40cc。對於不斷移動的我們真的很方便，除了不必擔心奶粉會灑出來，也不會忘記奶瓶內已經裝了多少。最重要的是，條狀的包裝放在行李箱內完全不占空間，可以塞進任何縫隙內。想想如果是奶粉罐，大概只能裝下兩罐就差不多滿了。要說缺點也是有，那就是在 X 光機下，幾百條不明物體顯得有點恐怖，很容易被攔下來開箱檢查。

　◆

　　帶著嬰兒出國讓我們學到很多教訓，然後累積成經驗，現在甚至還可以老生常談。Mete 出生後第一次搭飛機是在三個月左右，我們帶著全新的 28 吋箱子，那是我們第一次帶著這麼小的娃出遠

門，所以做足了所有該做的準備。揹帶、推車、奶粉、尿布，還有從嬰兒門診拿回來的各種可能發生的病症臨時藥。當時的箱子重達30公斤。

登機門前，長長隊伍中，我們推著嬰兒車排著。突然一名女空服員走近。

「你們可以不用排隊，你不知道嗎？」她親切的對著我說。我則是露出不解的眼神，就連我前後的路人甲乙丙也是如此，彷彿這是一則新出爐的政策，還未公諸於世。

「等等，你等等我。」她手微微晃著表示稍等她一下。

我從隊伍中露出頭顧盼，她正在與櫃檯人員交談中。沒多久，她轉過身來揮手向我招呼。我們趕緊脫隊走向她。

「你們等下可以先上飛機，請在這裡稍等。」一樣親切的語氣。我們向她道謝，她則是別過手表示沒什麼。這是我第一次感受到空服員滿滿的熱心，我彎下腰對著好奇這世界的 Mete 輕聲說道：

「也要謝謝你，讓我們體驗第一個上飛機的滋味。」

◆

從溫州飛回台灣後，我們就計畫著下一趟三個人的遠行。日本成為首選，尿布與奶粉是最大因素。原本應該要直接從溫州飛往日本，然而依藍沒有免簽資格。衡量兩岸申辦日本簽證的手續，決定回到台灣辦理。

辦理日本簽證必須提出機票證明、住宿證明、每日行程單，還有最重要的存款證明[10]。好像在繳交報告，今天去哪？明天又去哪？怎麼去？住哪？從未辦過這麼麻煩的簽證手續，擔心訂了房間，買了機票，要是簽證沒過，這些費用不就打水漂了。

但又能怎樣？還是只能硬著頭皮買了。

　　我用 Excel 做了一頁詳細的表格,項目有時間、地點、景點、住宿、交通還特別備註了為什麼要去,然後把住宿證明一張張列印下來,連同存款證明及機票訂在一起,放在一個 L 夾內。我們親自到日本駐台辦事處(全名為公益財團法人日本台灣交流協會)辦理。等候叫號的人有申請學生簽證,還有工作簽證,在場唯一來申請觀光簽證的人,是我們。

　　日本是 Mete 第二次遠行,也是我們第二次帶著他飛上天。有了第一次回溫州的經驗,這次我們更加熟練。

　　一樣 28 吋的大箱子,這次可輕了不少。我們沒帶推車,少了奶粉與尿布,這些都可以在日本補貨。多出來的空位,我們暫時填上滿心的期待與恐懼,因為不知道會發生什麼事,本著背包客就是無所畏懼的心態,走就對了!

1 2　**1 2** 日本行帶了一個 28 吋的箱子,不帶推車,改用揹帶輕鬆不少。

註 10　申請日本簽證所需的存款證明是兩岸最大的差異。在台灣,無論是夫妻哪方,銀行戶頭內只需有十萬台幣即可,一樣的價格,在對岸則是人民幣。

TRAVEL ESSAY. TWO

我有的只有愛

June, 2019

很多傳聞說，嬰兒在飛機上會哭，是因為高空中的耳鳴造成的。

其實到現在我也不知道這是否屬實，但慶幸的是，這場夢魘並沒有發生在我們身上。沉睡中的 Mete，嘴角掛著彎彎的笑容，宛如一位天使。

◆

我們在距離出發不到兩週的時間內申請日本簽證，四天後拿到申請通過的當下真的是開心極了。然而很快就有新的挑戰。

「要不要試試看？」我大膽地提出一個想法，那就是嘗試帶著 Mete 住在青年旅館。

可能很多人會想，青年旅館是不是就應該一堆人住在同一個空間？

事實上青年旅館也有單獨的房間，可能是一張上下舖的兩人房，或兩張四人房。青年旅館最大的特點就是我們只花錢租了那張「床」，其餘的都是共同使用的。譬如會共用廁所，會共用淋浴間。我跟依藍住慣了青旅，天真的也想著可以繼續幹一樣的事情，很快的我們就發現真的是好傻好天真。

◆

京都伏見稻荷大社，慶幸沒有推車，否則真不知道如何上山。

週六晚上台灣虎航的班機，飛往日本大阪。

班機誤點了……。

「因為機場流量管制，班機無法降落。」廣播這麼說著。

延誤多久就連櫃檯也給不出一個令人滿意的答案。

看著天色漸暗，我來回踱步。一個小時過去仍不見好消息。我發了簡訊給日本的青年旅館，因為我們可能很晚很晚才會抵達。

「噢！你不用擔心，多晚我們都有人在！」青年旅館的答覆讓我稍稍 s 的放心一點，但我又突然腦門一震，「那要是連電車跟巴士都停了怎麼辦？！」真的是才下眉頭，卻上心頭。

◆

抵達大阪關西機場已經晚上 11 點。入關後，我們跟著看板指示走到電車站。

在售票機台前我有點茫然。旁邊站了兩個女孩，像是學生。Mete 神救援的對著她們一呼喊：「威！」

「阿～卡哇伊捏！」女孩暖暖的對著 Mete 微笑。

「您好，可以問妳們幾個問題嗎？」我趁勢用英文攀談，希望她們能幫我們買車票。但她們一臉問號，彼此用日語驚慌失措的交談著。我才想到，英文在日本不管用。

「您好，請問妳們可以幫我個忙嗎？」這是我出發前硬背的日語。果然一試見效，她們聽到日文，馬上回答「嗨！（はい）」，我想她們應該是表示可以吧！

我們要去的站叫天王寺，很巧的是天王寺的日語發音跟閩南語有點像。我右手食指比著左手腕的位置，然後說 Ten no ji（天王寺），連我自己都佩服我自己，她們竟然都懂了。

抵達青年旅館的時間是晚上 12 點左右，果然還是燈火通明。

「挖嗚，一開始我還不信，沒想到真的帶嬰兒來了！」櫃台不是日本人，是洋人，他在這打工換宿，難怪「多晚都有人在」。

「痾……我以為你們在 Booking 上寫的『帶嬰兒旅行』是某種華人才懂的笑話，我來幫你們拿箱子，房間給你們安排在四樓……。」老外一臉尷尬的說著。

◆

卸下行李還有寶寶。我們房間只有一張上下舖床，門進來的走道只夠一人走動，行李箱攤在下舖的床上，已佔去一半，另一半是 Mete 躺著。我跟依藍只能直接坐在走道上。

「妳會餓嗎？還是先洗澡？」我轉頭問依藍。

「可以吃點東西，然後就直接睡了嗎？」

「好……我也想這樣，那我去泡碗麵。」我躡手躡腳地從箱子裡拿出泡麵，因為 Mete 在來的電車上就已經睡著。

我端著泡麵走到一樓公共區盛裝熱水，那群老外還在。客廳打著一點點黃暈，是溫暖的橘光。在燈光的照映下，看似微不足道，卻帶給我們勇氣。是的，我們成功的帶著孩子到日本了！

　　「老婆，生日快樂！」吃過消夜後，我們並肩坐在地上。

　　「對吼，已經過 12 點了，今天過得好快。」

　　我們笑著也愛著，終於，我們的旅程又開始了。

我有的只有愛
那天晚上我寫了這篇情書給依藍

我遇見妳時 /
那是我最不光鮮亮麗的時刻 /
生活如風砂，把我刮的，臉
上，一痕一痕 /
那是我落魄江湖的日子 /
人生如草葉，隨風飄起，又
飄落，起起沉沉 /
黯淡，成了黑暗裡，我唯一
的光芒 /

妳的出現 /
席捲了我的人生 /
也許就那麼一瞬間 /
我已著了迷 /
我的老婆，生日快樂 /
我有的只有愛 /
夠這輩子愛妳到底的愛。

　　　　　　　——寫於抵達日本後第一天晚上的上舖床

Mete 的青年旅館初體驗

June, 2019

「噢！早安，睡得好嗎？」昨晚櫃台的老外與我在廁所相遇。

「還 OK。」我幾乎是一上床就睡著了。

「你們打算在日本待幾天？準備去哪些地方？」

「我們預計待 20 天，沒有特別計畫去哪，就是來⋯⋯走走看看。」說沒計畫是真的。當初也只是想著要帶依藍去一個她沒去過的國家，然後順便體驗帶嬰兒出國。

「奈良、京都、神戶都不錯，不過如果之後你們還打算繼續住青旅，可能要注意一點，很多青旅不歡迎嬰兒。說真的，日本不是一個對嬰兒很友善的國家。」這是他給我的建議，但我沒有真的聽進去。這是我第三次來日本，前兩次的印象都很好，內心不知不覺地否定了他的說法。但後來證實，他說的一點都沒錯。

◆

我回到房間，Mete 已經慢慢甦醒，此時的他連翻身都還不會，只能手舞足蹈的表示他醒了。我安撫著他，說著：「乖阿乖，拔拔去幫你泡奶」。不會翻身有一個好處，就是不怕他亂跑或掉下床，我可以安心地去泡牛奶。這種好處大概只能延續六個月。

Mete 還不能吃副食品，也就是我們一般人在吃的食物。他還

大阪街景。

只能喝奶,幾乎是每3小時就要進食。這趟旅程,我們準備了兩個
保溫瓶、三個奶瓶,還有一個快煮壺,為的就是隨時可以泡奶。

　　奶過兩巡,休息片刻,依藍也醒來了。

　　在離開青旅前,我們輪流去洗澡,也包含 Mete。以往都是讓
Mete 坐在大盆子裡洗,但我們沒有辦法帶著澡盆出國,所以幻想
著也許青年旅館會有,但可惜那都只是我們一廂情願。結果就是我
們必須克服在沒有盆子的情況下幫他洗澡。

青旅的淋浴間一般都不大，最後我們決定一起進去，然後門開著。在我們幫Mete洗澡的過程中一直有其他房客進進出出洗臉刷牙漱口或上廁所。我想他們應該也是第一次在青年旅館看到嬰兒吧！

◆

「我來幫你把行李箱拿下去吧！」老外特地上來幫忙。

Mete再次入我懷裡。我們離開房間前再巡視一番，最怕遺漏的是奶嘴，少了這

入住青旅後，終於有軟軟的床可以休息。

個安定劑，周圍的人可就要倒楣了。第一次帶著Mete住青年旅館其實感覺還不差，我想我們還可以再多嘗試幾次。

「祝你們一路順風！」明明是老外，卻也染上了日本人的送客文化，我們握手別過，他站在門口揮手，直到我們回頭已看不見青旅才離去。

TRAVEL ESSAY. FOUR

抱歉，這裡不歡迎嬰兒

June, 2019

「抱歉⋯⋯這裡禁止嬰兒進來。」在我們還沒推開門要進去之前，店員就已經衝出來阻擋我們。

「為了維持餐廳的用餐氣氛，和其他客人的權益，所以禁止嬰兒進來。」

這是我始料未及的事情，我印象中的「日本人很友善」出現了一絲裂痕，當然也可能是我一廂情願罷了。青旅不歡迎嬰兒還能理解，但餐廳我真的沒想到。在台灣應該沒有任何餐廳會禁止嬰兒進去用餐，甚至兒童椅都還準備好幾個。

◆

我們在大阪待了四天。心齋橋、黑門市場、大阪城跟一些比較知名的景點巡視一番，然後搭車前往奈良。

大阪電車（含地鐵、火車）發達，遍及整個市區，幾乎住哪都能輕易的在附近找到車站。記得幾年前第一次拜訪大阪，就被這密密麻麻的電車地圖弄得眼花撩亂。但總歸一句，就是很方便。然而這次帶著嬰兒來訪卻意外的發現車站的不便民處，那就是電梯不好找。

我也曾經想過因為自己不是當地人，找不到電梯很合理。但當我尋求站外的路人時，卻也求助無門。他們並不是不想幫忙，而是

Mete 看著奈良的觀光地圖，明明看不懂，卻一副仔細查看的樣子。

根本就不知道電梯在哪，過多的入口反而增加找電梯的難度。我們慶幸著沒有帶推車來日本，但 28 吋滿載的行李箱也不是那麼容易就能扛下去。

我們站在入口樓梯前，讓 Mete 從我的懷裡換到依藍那，然後再由我把箱子扛進車站。大部分時候是可以平安順利的完成 Mete 移交動作，但有時他已睡著，像螃蟹抓住獵物一樣的熊抱我。這時要從我身上扒開他還真不容易，沒處理好就是直接嚎啕大哭，引來旁人的側目。我們試了幾次決定放棄，要是每一站都這樣實在太麻煩了。山不轉路轉，路不轉人轉，心態一變，把找電梯當作逛街，看看不熟識的街頭巷弄也別有一番風味。

◆

奈良是日本歷史上一個重要的城市，甚至日本歷史上某段時期的稱呼還用「奈良時期 [11]」代稱，可見其重要性。而今天大部分人對奈良的第一印象就是滿街跑的鹿，平易近人的接近每個想要餵食

奈良餵鹿照。

牠的遊客。但對我這個歷史控來說，奈良不僅僅只是公園裡的鹿，還有濃濃的唐朝遺風。今天要看唐朝風格的建築，更多的不是去中國，而是要到日本奈良城。

我們住的旅館離東大寺不遠，走到奈良公園也只要 10 分鐘左右。要是以前只有我們倆旅行的時候，價錢肯定是唯一的考量，現在則還要考慮到距離與方便性。

在帶嬰兒出遊的文化上，日本跟台灣有一個很大的不同，那就是用過的尿布不能隨便丟到垃圾桶。日本的媽媽通常會用一個塑膠袋將用過的尿布裝好帶回家扔掉。這件事我本來也不知道，多虧了抵達大阪第一天的青旅老外提醒。

「我不是很確定……但我覺得尿布好像不能隨便亂丟街上的垃圾桶。」老外邊收著我們的垃圾桶一邊說著。

後來我就一直注意著街上其他日本帶娃的媽媽是否會把尿布扔到垃圾桶內，還真的是沒看過。所以住得太偏就意味著我們得拎著尿布逛街，或是得找百貨公司裡的育嬰室丟棄。

◆

　七月的奈良十分酷熱，信步在商店街裡閒逛是午後最好的選擇。我們從頭走到尾，想著要找一間外貌姣好，燈光美、氣氛佳的餐廳來祭五臟廟。在大阪沒遇到的事情，竟在奈良碰上了。想起老外的話歷歷在目，原來他不是開玩笑。

　「抱歉……這裡禁止嬰兒進來。」店員在我們還沒推開門要進去之前就已經衝出來阻擋我們。一連幾間都遇上一樣的問題，才知道日本原來有這樣一個特別的文化。

　起初我們也有點不能理解，甚至有點生氣，以至於對第三間拒絕我們的店員表示不滿。但當店員面露難色時，我發現我是在為難一個不能決定（或違背）店內規矩的員工，我才是那個不尊重他們文化的奧客。

　心態一轉，我們決定再找其他間試試。後來總結出一些方法，找大間一點的、連鎖的或是百貨公司內的餐廳都沒有問題。旅行最有趣的地方，就是發掘文化上的差異，然後去把玩它，過一把當地人的生活日常。

◆

　在日本的生活很恢意，我習慣早起，依藍則是要與床纏綿到退房的前一刻，所以早上多半是我與 Mete 的單獨相處時光。我會抱著他四處散步，逛逛公園及神社。我喜歡說話，喜歡滔滔不絕的講著歷史故事。一直以來我都沒有忠實聽眾，現在有了，是我的孩子。

　原本我們計畫在日本待 30 天，但後來得知針對中國護照，日本只給 15 天的觀光簽證，我們立刻改變行程。我做了一張 20 天的旅遊行程單送去日本駐台辦事處，想著也許能多給幾天，沒想到，最後竟然批了 30 天的簽證。可惜我們的機票早已買好（辦日簽需

先買好機票），所以我們就此定案了 20 天的日本自由行。

跟以前的旅行很不一樣，我們從習慣移動中的背包客變成慵懶的旅居客。不再是為了景點而去一個地方；不再是一個城市緊湊著一個城市奔波，現在到哪都想好好的待著。

早晨穿上從軍時的運動褲，在 google 地圖上找綠色的公園或是廟宇慢跑過去，細細品嘗廟宇佛堂旁的碑文或歷史遺留的痕跡。回程時我會用走的，沿途欣賞準備上班的人潮，然後順手拍一些街景或是有趣的圖騰。

上午牽著依藍的手逛逛街，下午找一間有陰涼處的小店避暑。晚上回到房間，我們會打開 Youtube 循環播放著宮崎駿的音樂，或是看看

在姬路城拍攝。

日本電影。因為有孩子在，我們總要花心思陪他，有時怕他無聊，有時怕他太累。但 Mete 似乎喜歡外面的世界，回到房間反而悶悶不樂。

這路上很多人問我怎麼敢帶這麼小的嬰兒出門，不累嗎？

我想只要解決了奶粉、尿布和洗澡的問題，其實一點也不困難。我真心覺得不累，反倒是可以這樣帶著他四處跑而感到開心。雖然這時候的他還沒有什麼記憶，但一張張照片訴説著父與子、母與子之間的故事。將來我跟他提到這段回憶時，我們就可以拿出照片跟他説：

「你看！我們一起在這裡合照過！」

拍攝於神戶新長田，在那有著名的三國街。

媽媽的三言兩語
大阪旅居 day13

今天我儿子真的是赚了他人生的第一桶金😊

他爱笑，见到每位小姐姐都对人家笑，当然了这些天收获了好多的卡哇伊😄

今天碰到一个女老板，然后我儿子就对着人家笑，老板姐姐心都要被融化了，直接送了他一大袋尿布湿，足足有 64 片😊

接下来不用花爸妈的钱买尿布了😄

你们以为这是第一桶金么？

错了！这只是个插曲。

今天有家医院找我们，让我们发一段我儿子的日常视频，出片报酬为 200 元！所以，我儿子今天真的是赚了他人生的第一笔钱。

📍 大阪 Osaka · 日本 Japan ⋯
擷取自傲嬌依藍微信朋友圈發文

註 11　日本在出現幕府之前（鐮倉、室町、江戶幕府）經歷過三個唐化時期（學習唐朝文化），分別是飛鳥時期、奈良時期、平安時期。其中奈良時期約有 80 年（710～794 年），同時間的中國則是唐朝。這期間中國爆發了安史之亂，奈良政府見證了唐朝由盛轉衰的過程。

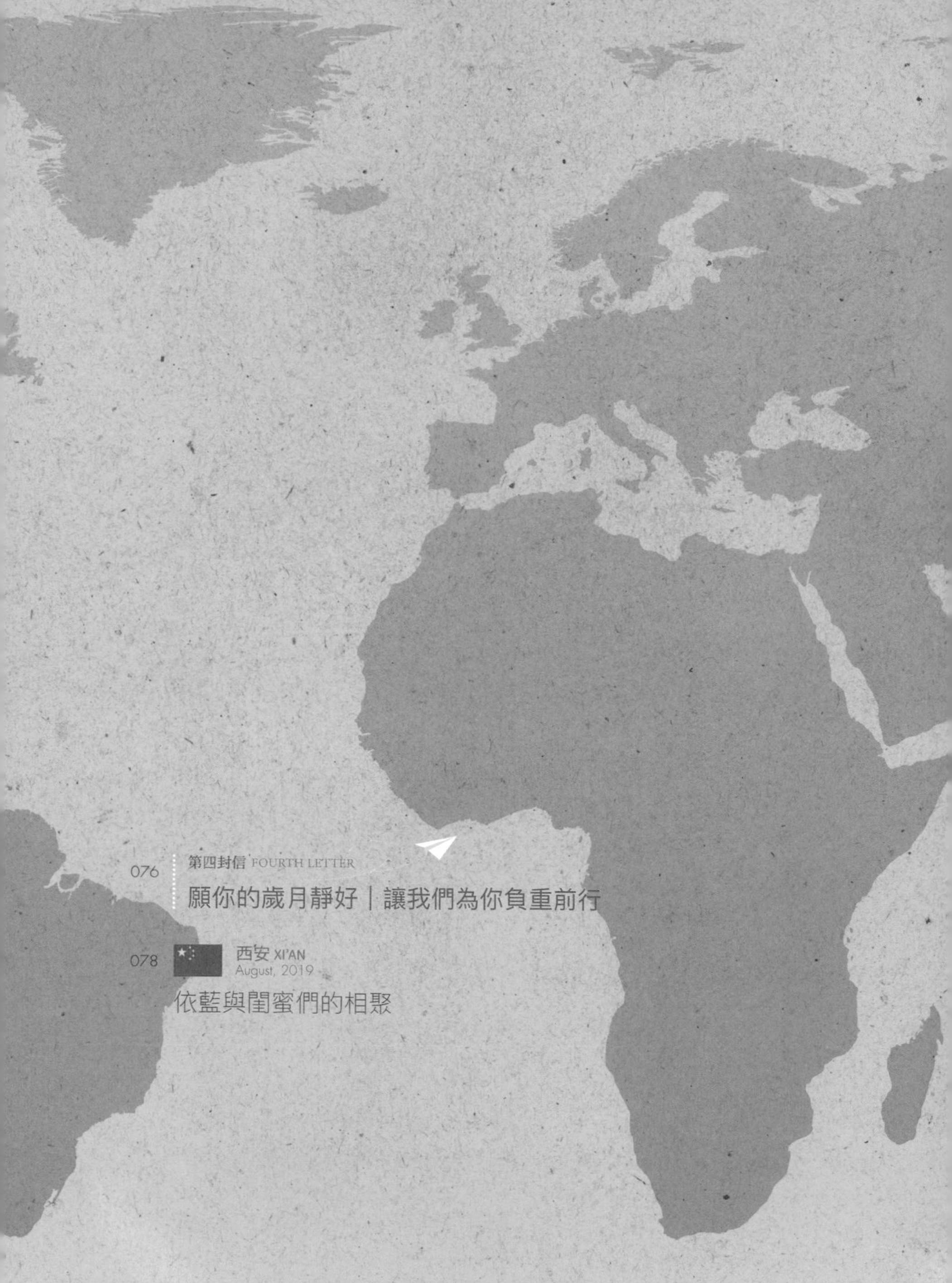

旅途四

---·---

Travel
FOUR

願你的歲月靜好｜讓我們為你負重前行

親愛的子頤：

這是爸爸寫給你的第四封信，未來有一天當你學會識字的時候，我希望你第一個閱讀的文章是這些我寫給你的話。因為裡面的主角是我們，內容也是關於我們，是我眼中的你，是那段你可能記不太清楚的你。

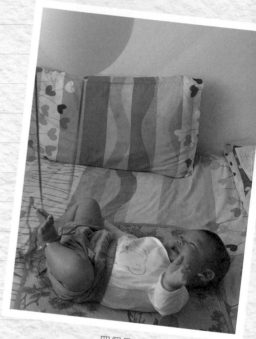

四個月。

再過幾天，你就滿五個月了，而分離卻是我接著不斷要面臨的問題。因為對你跟媽媽，我有一定的責任，也希望你能諒解我的缺席。有人說，我在你開始學著記憶的時刻離去，當我回來時你將不記得我。我真心擔憂，但我知道，你不會這樣。即使你無法描述，但當我工作回來時，你笑容滿面的張開雙手，就像花草擁抱陽光，魚兒游入海洋，那種只屬於我們之間的默契，我懂，你也懂。

❀

　　我聽你媽媽説，你現在側翻翻的很溜了。我不敢細數到底錯過了多少關於你的第一次。還記得依藍第一次傳給我，你吃副食品的影片，我人在歐洲，但我的心已經飛到溫州了。然後遲遲、遲遲不願回來。

　　有時候夜晚我想著你們，有時候我白天想著你們，才知道，原來時間是可以操作的。因為，我想著你們的時候，時間總是過的特別快。快五個月了，回想去年的這時候，我在巴爾幹半島的阿爾巴尼亞打電話給你的爺爺奶奶，那是我們第一次談到你，就在我們知道你的存在後不久。而接下來的兩個半月，我們的旅行從兩個人變成三個人，所以我想你應該會很有旅行的天分。也許有天你會像我跟媽媽一樣，走向世界。也許你會像爸爸一樣，在旅途中遇見你的命定之人。

　　記得要把握住！

　　接下來我將放個長假，好好的陪著你們，如果你又有什麼新花樣，儘管使出來吧！我會滿懷期待的看著你成長，也希望你眼中的我，是個能讓你崇拜的英雄。

筆於 2019 年 6 月 25 日

依藍與閨蜜們的相聚

August, 2019

「一起去西安吧！」依藍的閨蜜們呼喊著。

每個人都有髮小，都有青梅竹馬。佳佳、盈盈、阿雪這三位女孩是依藍高中時期的同學，也是她最要好的朋友。

她們約定好要作彼此的伴娘，甚至是孩子的乾媽。即使在畢業後的各奔東西，也沒有因此疏離了對方。她們是互相的宣洩收容所，有人分手的時候會聚在一起陪著哭。據說任何人交的每一任男友在剛開始的時候都必須先請吃一頓大餐才行。而我，是那唯一一個逃過此劫的男友，因為「外來者是客」。

◆

自從依藍跟了我，她就是聚會的缺席慣犯。每一次的聚餐都只能透過手機聞著另一頭香氛四溢的山珍海味。而我們總是只能為了旅行，省著錢吃。

這次來到日本旅居，恰逢閨蜜們的孩子放假，便有了再聚的想法。確定了日期，我們立即買機票，從大阪飛到上海，再從溫州飛往西安。

依藍的日本簽證有著一條特殊的規定，那就是必須以台灣為進出點。也就是說台灣飛到日本，日本只能飛回台灣。加上在申請的時候就必須提交來回機票證明，所以我們決定改飛上海時，有一點

西安城牆。

不確定是否可以這樣更改。

◆

「只要日本這邊海關放行，好像就沒差。」我自以為是的憑感覺下判斷。

「然後最後有回到台灣就好對嗎？」依藍也盲目地認同我的信口開河。

「那就改吧！」大不了就是損失一張機票而已，於是我們把飛回台灣的機票取消，目的地改成上海。

前往機場，辦理登機。

「請問飛往哪裡？」櫃台人員詢問。

「上海！」

「好的，這是您的機票，歡迎再來日本玩。」

就這樣？

樸實且無華的輕易就拿到了機票。

走！去上海吧！

◆

一幢一幢方方正正的高樓，像是樂高插在土地上，川流不息的車潮，那是人群匯集的地方。這是飛機降落上海浦東機場前一刻，窗外的景象。相比於大阪規規矩矩的裝容，上海是穿著豔麗洋服的東方人。

兵馬俑。

上海只是我們的轉運站，一下飛機就往動車站 [12] 移動，然後搭向往南的列車。回溫州最大的目的是要把行李箱內的伴手禮放在家裡，同時也可以跟依藍的閨蜜們一起出發。

◆

西安是中國廣袤大地中，我最熟悉的城市。從小讀的歷史課本總有說不完的故事圍繞在西安，它像是村落裡的耆老述說著自身的經歷。從秦始皇統一六國到唐太宗李世民的玄武門之變，西安從未缺席過中國歷史上的大事件。但這次不談歷史，一群女人們的聚會聞不出這麼繁文縟節、枯燥乏味的油墨味。

　　除了依藍，另外兩位閨蜜不帶老公出門，這注定了接下來的幾個晚上沒有 Man's Talk，只有顧小孩的份。果不其然，她們把孩子交給我，手牽著手去享受 Girl's night 了。

◆

　　四天三夜的行程不免俗的還是安排了兵馬俑，但我們想的到的事情，來西安玩的人也都想的到。售票口滿山人海，光是排隊就花上半個鐘頭，我們做好入場就被打散的心理準備，果然，以「家」為單位被擠推成三組，各逛各的展，最後約好一個時間出口處集合。

　　在秦始皇兵馬俑博物館內，Mete 與世隔絕般的閉上雙眼。他不是來看展，他只是換個地方睡覺而已。

註12　中國的鐵路系統有動車與高鐵。動車是以 D 為開頭的列車，譬如上海往溫州的列車可搭乘 D2287 次動車，車程是四個小時半。而高鐵則是以 G 為開頭的列車，車速較快，同樣上海到溫州則可搭乘 G7331 次高鐵，車程是三個小時半。另外還有 T 開頭的火車，速度最慢，但有臥舖可以睡覺，是唯一能過夜的車種。

旅途五

Travel
FIVE

寶寶，你快樂嗎？

「寶寶，你快樂嗎？」

嗯⋯⋯可能你也聽不懂我的問題吧，哈。

❀

六個月，在越南的過夜巴士上。

我們一起旅行已經超過一個月，我看著從只會翻身的你到現在可以翻回去，真的非常感動。我很希望可以參與你的每一刻成長，可惜沒辦法。等我們回臺灣，爸爸又要出門了。我以前跟你說過（但你應該都忘了），爸爸最早是一個人流浪，後來認識了媽媽，變成了兩個人的旅行。所以我們一直有個計畫，就是三個人的旅居（媽媽、爸爸還有你）。這個計畫最重要的一環就是你的參與，有你，家才完整。而回憶則是生活的累積。等你稍微懂事，我會拿出照片跟你分享那些你也在的時刻。

❀

「寶寶，你會累嗎？」

　　其實每次的長途移動，我總是掛念著你的小身體。畢竟你還小，是否能承受這樣的舟車勞頓真的、真的我不知道。每每看你熟睡的臉龐，我多麼希望你能多睡一點，因為很快的我們可能又要往下個城市移動了。或許你很疑惑，為什麼每天醒來都在不同的房間，不同的床。你別害怕，我跟媽媽永遠都是你睜開眼第一個看到的家人。

　　有時候我覺得我們很自私，沒有考慮過你的意願，或這個年紀適不適合這樣。總是肆無忌憚地帶著你四處飛翔，要你陪著我們逐夢。未來有一天，你也會有很多夢想，希望你告訴爸爸，可以的話，留個位置給我，讓我參與你。

　　❀

「寶寶，你六個多月大了。」

　　這是我寫給你的第五封信，也是你六個多月大的時候。大部分內容都是在過夜巴士上寫的，你在媽媽的懷裡，而我不時的往你們的方向探。即便如此，我仍然有充足的睡眠（所以你不用擔心）。爸爸跟你說，我們一定要先學會愛自己、珍惜自己，才能夠去愛別人。要先懂得欣賞自己、才能知道如何尊重他人。現在的你還不懂

沒關係，慢慢地長大，慢慢地成長。作為你第一個模仿學習的對象，我們會作好你的榜樣。

希望你開心過著每一天。

寫給 200 天的你

於越南 2019 年 8 月 25 日筆

第五封信
聲音檔 QRcode

TRAVEL ESSAY. ONE

廣西搭火車到越南

August, 2019

◆◆◆

「你那本綠色的護照是哪個國家呀？」我們在跨國火車上認識了一個小哥，他是穿梭在越南與廣西的商人。

「啊，台灣，我是台灣來的。」

「台灣？這是我第一次看到台灣護照呢。」小哥好奇的看著。

◆

列車長對我們很好，給了我們兩張下舖床。車廂內，四張床一間，小哥睡我上舖。他操著一口廣西方言，聽起來有點像廣東話，但跟普通話又很像，只是語調不同。因為列車長也是廣西人，所以在校對車票時，他們都用方言，唸到身分證號碼時，我仔細聽著，但都聽某（台語）。

「等下火車到了邊境會停下來，你們記得所有東西都要拿下去，知道嗎？」老實說我不知道，因為他操著一口濃濃方言，我完全聽不懂，好在有小哥的友善翻譯。

◆

火車行駛到中越邊境，我們把行李全部拿下車[13]。小哥一馬當先衝下車，然後直奔海關，他是第一個通關，也是第一個回到火車

越南駐廣西南寧辦事處，辦理越南簽證。廣西到越南的火車票。

的人。當下我沒有理解他這樣的用意何在，但當我開始排隊蓋章出境的時候就發現了癥結點。

「這人潮會不會太多了點……」由於我們行李笨重，加上有小孩，所以當我們走到海關門口時，已有數不清的人排在我們前面。

「這就是中國，特產就是人多。」依藍半開玩笑的說著。

隊伍的前端是出境海關，檢查完行李，蓋章後，才能回到車上。難怪小哥要第一個下車，原來他早就知道這起碼要花上一小時才能全部通關。

「我覺得這樣排下去不是辦法！」我有點耐不住性子，我決定去「關說」。

我揹著孩子獨自走到隊伍的最前排，面對著人龍擺著一張桌子，旁邊兩個人，一個站著，一個坐著。他們身穿官服，一看就知道是海關人員。

「你好，我想請問一下，我有嬰兒能不能優先通關？我怕孩子醒了會吵到大家。」打溫情牌應該是對任何人都有效果，至少我是這麼認為。

「啊？這個沒辦法啊，你看人這麼多，我要是讓你先走，這有

點説不過去阿。」他頭一撇暗指後面的人潮。

「『大陸人』到哪都很多，我真有點不習慣。」

「你是哪裡人？香港？澳門？」看來我精心策畫的雙重陷阱有引起他的注意。

「都不是，我是台灣人阿。來廣西玩了一陣子，很喜歡。想說搭個火車去看看越南，之後還準備回廣西住一陣子。」

「哎呀！台灣人不習慣這人潮正常，我們人真的太多了，那我讓你們先過好了。」我趕緊用手招呼在隊伍末端的依藍，示意要她趕快過來。

我們拿出護照，蓋章，通過！

後來海關人員跟後面排隊的人解釋：「因為他們帶了嬰兒。」

◆

回到火車上，我們悠哉的睡了一個小時。然後火車又緩緩發動，輕微的晃動震醒了我。半小時左右，我們抵達越南海關。一樣下車，小哥仍然是第一個衝下車，第一個通關，第一個回到車上。而我也決定如法炮製的再對海關人員「關說」耍特權。

「你好。」我們剛遞出護照，都還沒説半句話就直接被禮遇插隊變成第一個排隊。

海關人員收過護照，頭完全沒有抬起，看他一頁一頁翻著。

突然他抬起頭，用不怎麼流利的中文説著：

「30人民幣。」

「啥……？」我們沒搞懂他要幹嘛，不！應該說，大致上知道他要幹嘛，但是裝作不懂。

「30 人民幣，給我。」他伸出手向我們要錢。

「抱歉，我們不是要辦落地簽，我們已經有簽證了。」我們繼續裝傻。

他身後另一位海關人員 B 撇頭過來說：

「一個人 10 元人民幣，這是規定，快給！」

海關人員 B 也在處理另一位中國小鮮肉的護照，他也對著小鮮肉說 10 元人民幣。

「可是……我沒有零錢耶，我現在都沒有帶現金了……」小鮮肉貌似尷尬的回著。

這時我們突然眼神交流。

「他們這個很明顯就是勒索吧？」我說。

「對啊，鬼才要給他。」小鮮肉回我。

「No talking ！」海關人員 B 大聲的喊著。看來他是擔心我們討論這些事情。

最後我們都沒拿出半毛錢，還是順利地通過海關。而我本來以為嬰兒或國籍能成為我關說的利器，卻反而變成他們眼中的待宰肥羊，旅行總是充滿著驚喜與意外。

我們再度回到火車上，接下來就是幾個小時的補眠，一直到河內（Hanoi）才會停止。

◆

以前的獨旅時期，我總是不申請網路，無法時時刻刻與世界接軌的旅行讓我覺得充滿冒險刺激。但隨著結婚生子，網路也變成不得不存在的工具。因為我必須清楚掌握我們所處的位置，以及若遇

到緊急事故時的對外通知。帶著幾個月大的嬰兒旅行,「安全」是最最重要的事情。

抵達河內後的第一件事不是找間越南河粉祭祭五臟廟,而是買張實用的網路卡查詢旅館,然後泡奶給 Mete 喝。與小哥有了一夜之緣,他非常樂意幫助我們。他在邊境買了一張「號稱」有 120G 流量的網路卡給我們(我到離開越南都用不完,所以沒法確認是否真的有 120G)。同時也在他的指引下,順利找到往市區的公車站牌。旅行很喜歡遇到像他這樣往返兩地的商人,因為他們懂得生存的竅門,通常也都很樂於助人。

我們的越南之旅開始了!

深夜搭乘跨境火車。

註 13　似乎每個由火車跨國的海關,都必須要把行李全部拿下車。淨空火車後,車掌會一節一節檢查。同時行李在海關處也要通過 X 光機掃描檢測。比較有趣的是列車長還額外要求不能使用火車上的廁所,一律都到海關建築物裡的公廁使用。原因是火車上的廁所是直接「拉」到鐵軌上,停在海關的時候,如果還一直有人使用廁所,那海關將會臭氣熏天。

越南人都愛小孩

August, 2019

◆◆◆

好幾年前，聽一個越南人說：

「在邊境，很多越南人會偷嬰兒去賣，因為聽說嬰兒可以做成中藥之類的補品。」

當時我沒有很在意，也沒覺得是真的。如今我有了小孩，反而莫名的害怕起來（這是父愛作祟吧）。

一進入到越南首都河內，我們就準備找地方住。我透過Booking.com 在還劍湖（Hồ Hoàn Kiếm）附近找到一間不貴的雅房，下訂後立刻連絡房東。

我們根據地址找到了民宿，迎接的人不像是老闆娘，反倒像是工讀生。她核對完訂單後，並沒有立刻帶我們到房間，而是播了電話給別人（我猜想是打給老闆娘）。

「你們介意再走一公里到另一個地方嗎？」她放下電話對我們說。

「為什麼要換地方呢？」其實換地方還好，但要走一公里，對剛從廣西舟車勞頓來到這裡的我們實在太累了。

「老闆娘說你們有嬰兒，原本的房間太小不適合，另一邊比這裡大一倍，如果你們願意，她希望你們住那，老闆娘現在就在那邊。」聽到房間變大，想想一公里也不是走不到的距離。於是我們

1 2　**1** 河內旅館的老闆娘，非常喜歡小孩的她，也育有兩個兒子。**2** 週末的河內街上，道路封鎖起來給小孩子遊玩。

扛著箱子下樓，往她給的另一個地址走去。

◆

「你們很累吧！我可以幫你們照顧寶寶幾個小時，你們去睡覺吧。」遠遠的就看到一位婦女向我們揮手。此刻的我們還很有警戒心，尤其當年聽說關於賣嬰兒的都市傳說，我對越南人還有點不放心。

「沒關係，孩子睡著了，移動會把他吵醒。」依藍連忙拒絕房東。

「那你們先休息，晚點我們再聊。」

門一關，我們把身上所有的負擔都放到床上，包含 Mete。

「奶瓶洗一下，熱水煮一下，等下 Mete 醒來就要喝奶了。」依藍囑咐著我。

「好，那妳跟他先睡一下，這些我來弄就好。」

因為是雅房，所以廁所在外面。但房間確實比原本我預定的大，而且大不只一倍。我拿著喝完只剩奶渣的奶瓶跟煮水壺往外面走，在火車上喝完後，就一直沒有機會可以清洗，所以奶瓶流露出

一股奶酸味。通常是喝完就該立即清洗，但旅行中的我們沒辦法照正常的方式處理。

　　廚房連著房間，廁所在廚房的另一側。一出房門就發現房東也在廚房。

　　「喔～奶瓶給我，你坐著休息就好，要不要喝咖啡？」

　　「痾……沒關係，我自己來就好。」

　　「沒關係，我來就好，我也有兩個孩子，所以我很熟悉這些事情。」

　　聽到她也有兩個孩子，我就莫名放心地交出了我的奶瓶，然後坐在一旁的椅子等她。

「 你們也太辛苦了，帶這麼小的嬰兒旅行，很佩服你們。」房東邊洗奶瓶邊跟我聊天。原來她才 37 歲，兩個小孩都已經上小學。她的丈夫沒有工作，是標準的啃妻族。白天處理完民宿的事情後，晚上她還要去打工貼補家用。那名迎接我們的工讀生女孩是她的姪女。

我們坐在廚房喝咖啡聊天，她跟我分享了很多照顧嬰兒的事情，似乎信任感就這麼地建立起來了。隔天早上 Mete 已經在她的懷裡不計其數了。

Mete 的笑容似乎有種迷人的魔力，可以將周圍的人都融化。隨著我們居住的時間愈長，我們跟其他房客也愈來愈熟識，而展開交流的媒介都是因為 Mete。通常是我們在跟 Mete 玩的時候，他會突然對旁邊的陌生人會心一笑，然後就開啟了另一段緣分。

越南人似乎很喜歡小孩，走在還劍湖附近，幾乎無時無刻都有人想摸 Mete。

我們站著拍照的時候被經過的路人摸。

我們排隊買食物或紀念品的時候被店員摸。

我們坐在咖啡廳喝咖啡時被隔壁桌的老王摸。

連我們過馬路時也被騎腳踏車經過的老人刻意停下來摸。

「 難道越南人都很喜歡嬰兒嗎？」依藍問我。

「 至少可以肯定比日本人喜歡。」我說。

哎呀，我摔下床了

August, 2019

◆◆◆

「碰！」

我是親眼看著 Mete 從床上摔落。

那天晚上我毫無預兆的睜開眼，喉嚨一陣乾燥。我想可能是越南太熱了。於是我起身往桌子走，按下桌上熱水壺的加熱開關，慶幸在睡之前，有先把水加到裡面了。

我站在桌旁剁著腳等水燒開，不消幾分鐘，按鍵自動跳起。

裝好了水，我準備要喝。

突然眼前閃過一個晃動，我往床的方向看，是 Mete180 度的旋轉。

一般他是睡在我們中間，但我起床喝水，頓時一側沒了城牆，而他也循著這個破口翻身。

又一個轉身。又一個轉身。

我突然意識到他會掉下來。因為之前沒有發生過，所以我慢了幾秒才想到會有這樣的狀況劇。我趕緊放下杯子，而他已經懸掛在床邊，柔弱的手攀著床沿。

「啊！」人未到，聲音先到。是我叫了一聲。

「碰！」Mete 應聲倒地。

「哇哇哇哇～～」

「乖喔乖喔，是爸爸不對，讓你失去了靠山。」我連忙抱起他，搖啊搖，忙著道歉，忙著安慰。但我心裡卻竊喜，第一次摔下床被我看到了……

越南會安拍攝。

1	3
2	

1 2 3 越南會安拍攝。

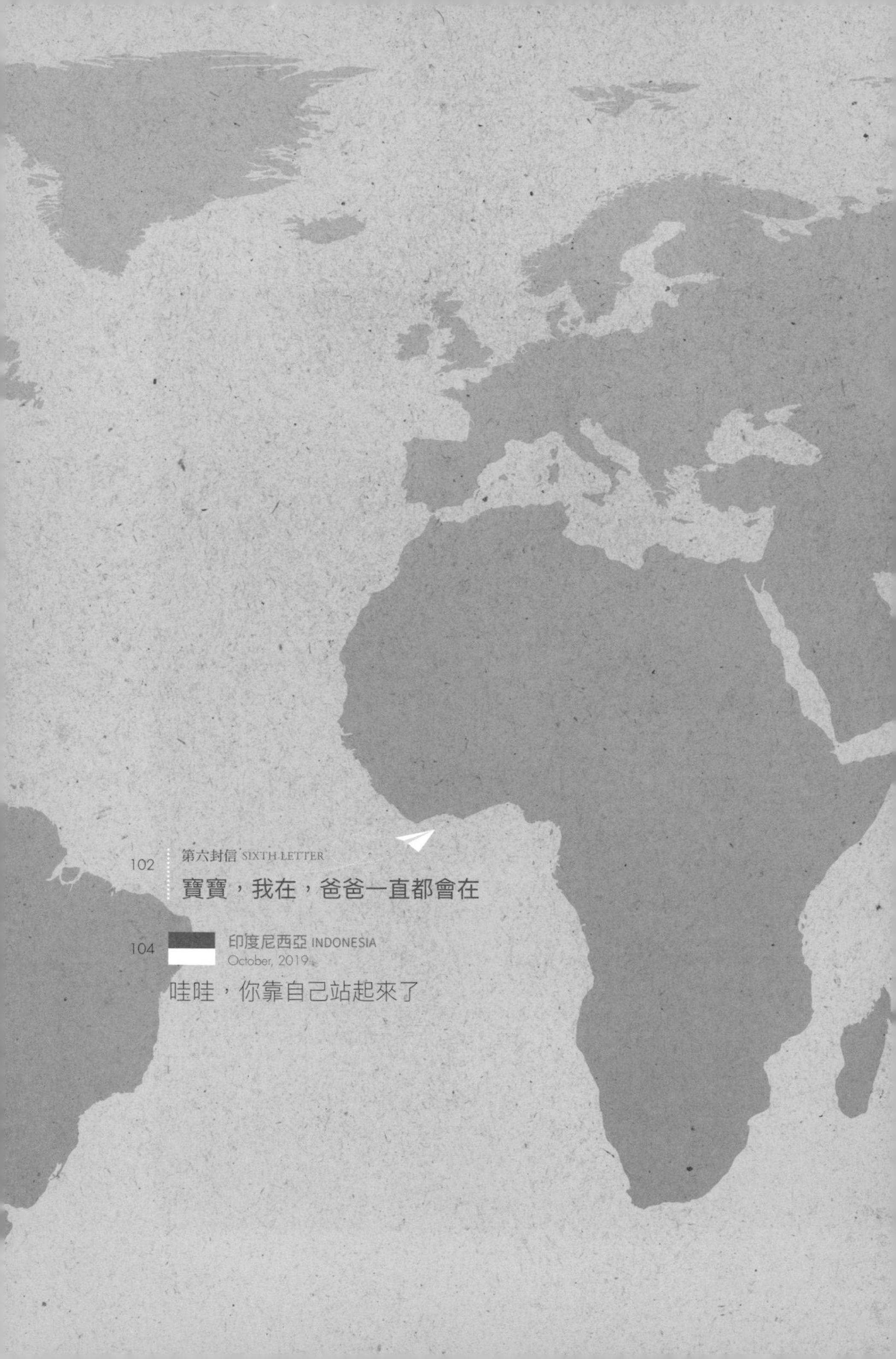

旅途六

Travel
SIX

寶寶，我在，爸爸一直都會在

「這是我給你的第六封信，也是我們第一次一起面對病痛。」

七個月。

在往後的人生中，你還會經歷無數大大小小的磨難，我會一直陪著你，即使有天我的軀體不在了，我的心仍然會伴隨著你。

✽

在伊朗的時候，我就已經從媽媽的訊息中得知你身體的狀況，你吃不下飯，拉肚子。在醫生的指示下你漸漸恢復食慾，接連著又是另一種不正常。你開始過量的飲食，達到了一般小孩的一倍。媽媽不斷的發訊息給在伊朗的我。我感到很無助，因為我沒辦法馬上飛到你的身旁去照顧你。透過手機畫面，我看到小小的你在搜尋我的聲音。

我對著你喊著名字：

「Mete，爸爸真的很想你。」你不知道我在哪，也找不著我，但你左顧右盼的樣子，我很開心你還記得我們在一起的感覺。那些

沒能難倒你的困境，必會使你更堅強。

　　你想不到吧，我回台灣的那天是多麼的著急。這也是第一次回來不是先抱媽媽，而是先關心你的狀況。你長牙了，這是回來後給我的第一個驚喜。你可以扶著東西站著了，這又是另一個。我知道你發了燒，但你仍然給我這世上最美的笑容，彷彿這世界上沒有惡。你張開雙手歡迎我，你止不住的踢腳像是在索取我的抱抱。你比平時溫暖，可能是發燒帶來的。

　　「我回來了。」你挽著我的脖子，我輕聲對你說著。

　　接下來幾個夜晚，你反反覆覆的升降溫，媽媽跟我都不得好眠。希望等你看得懂字，閱讀這封信的時候，你能對媽媽說一句辛苦了。因為我不在的時候，都是媽媽無微不至的照顧你。這封信是在你發燒的夜晚寫的，我們輪流著睡，當我醒在深夜裡，我只能禱告。

　　這是第六封給你的信，也是你第一次生病。這只是小小的開始，往後的人生，你會有更多的時間在面對挑戰，爸爸能給你的，如同你爺爺給我的，那是一輩子的支持。

筆於 2019 年 10 月 4 日深夜從伊朗回台的第三天

哇哇，你靠自己站起來了

October, 2019

　　上海的夜晚，是一排排的登機門。這是 Mete 第一次在機場過夜。印尼本來不在我們的計畫中，因為雅加達（ Jakarta ）的燕窩工廠向依藍提出了邀約，才有了這次的遠行。紅眼航班緩緩起飛，九個小時的飛行，我們都累了，幾乎是一上飛機就秒睡，而且是叫不醒的那種。

◆

　　雅加達是繁忙的城市，來之前就聽說塞車塞的兇，想不到是真的。入境海關的時候，又再度因 Mete 有了快速通關。進入機場大廳，旁邊五個換匯所員工同時向我招手，而且是很三八的那種，就像在說「 來嘛～來嘛～」那樣。如果是像以前一個人旅行，我肯定貨比三家，並且想盡辦法殺價。但這次我的背包魂沒有躁動，因為我們的大腦還呈現缺氧狀態，隨時會睡著。另外我們也只打算換200 人民幣，實在沒有議價的空間。隨便換一換就好。

　　第一關剛過，緊接第二關。明明印尼跟印度是兩個不同的國家，怎麼臨場感這麼像？離開機場，一群計程車司機貼近，我想他們應該是看到錢包走出來了。但我視若無睹，向前邁進。

　　本以為這樣就結束了，原來還有安可加場演出，我們走到巴士站買票，櫃台小哥輕聲的在我耳邊呼喚：

　　「 這個車很慢，我有比較快的，你要不要搭？」

1 2 **1** Kimi 是個很棒的房東，她每天為我們準備不一樣的早餐。**2** 燕窩工廠的老闆是來印尼第三代的福建人，雖然中文不太會說，還好我們還有閩南語可以溝通。

我心想你這是在賺外快嗎？

於是我使出裝傻聽不懂英文之術，小哥解釋了好幾次，從輕聲細語到大聲公，從只動嘴唇到手舞足蹈。我像座山，任他風吹雨打撼動不了我。他像就差一分沒上的考生決定重考再來一次，但旁邊的警衛已經忍無可忍，直接走過來把正常的票給我，然後手一指，正是我要搭乘的公車。我走向車，回頭看，櫃台小哥一臉無奈的向警衛解釋著，我想他是說：

「我沒想到他的英文程度這麼差。」

上車後立刻啟動昏睡模式。大約 30 公里的路程，我預估 30 ～ 40 分鐘醒來，結果開了 90 分鐘，我們得到了充足的睡眠。

終於抵達雅加達，這奔波的真有點累，還是我們都老了呢？

◆

民宿房東 Kimi 是一位不會說中文的華裔媽媽，她同樣也有小孩，但都成年。她一個人管理民宿，聘了一個員工負責打掃房間。很特別的是，她在網站上只有一個房間可以租，我以為是客滿，結果是因為其他房間只提供給學生作宿舍用。

「學生比較單純，不是嗎？」她回答了我的疑問。

「那為什麼要留一間放在網路上出租呢？」這確實耐人尋味。

「這就像驚喜包，每次來的人都有他的故事可以說。但我怕會影響到學生，所以只開放一間。」

Kimi 是個很棒的房東，她每天為我們準備不一樣的早餐，還特別告訴我們哪裡適合嬰兒，哪裡可能會有育嬰室。她跟大部分的長輩一樣不太會操作電腦，所以她拿著筆在紙上來回畫著，清楚標示著路名跟捷運站還有景點名稱，彷彿回到沒有智慧型手機的年代，拿著紙地圖開啟未知的冒險。

我們一連住了好幾天，Mete 到了吃輔食的年齡，所以我們每天回家前都會特地繞到超市買紅薯跟鮭魚。回家用水煮熟後，再磨成泥狀餵他。

◆

這次來雅加達不單只是遊玩，還有個燕窩工廠要考察。

「代購」幾乎是每個中國背包客都會做的事情，我們也不例外。透過買賣各國舶來品，賺來的旅費足以供給背包客們持續不斷的旅行。

這項事業始於 2018 年的婚紗之旅，當時為了維持我們的旅行，依藍做起了代購。就像滾雪球般愈滾愈大，也結識了一群做著同樣事情的環球旅人。最後他們還合開了一間貿易公司，每個人負責不同的商品，針對負責的商品，本人要親自前往工廠視察，品質的把關成了去旅行的藉口。而我，作為一名稱職的翻譯員，當然也要同行前往。

◆

「燕窩偏黃色是因為尿。」工廠老闆用英文解釋著燕窩的特性，但我懵懂無知，而且事前也沒有做足功課，所以對他的解說有

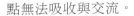

點無法吸收與交流。

「你是説尿嗎？」我遲疑地問了兩次。

「對阿，就是尿，尿裡面的阿摩尼亞揮發到空氣中變成黃色。」老闆用心的把工廠裡的機台設備介紹了一遍，還拿出不同品質的燕窩讓我們比較差異。但由於都是英文，所以我們只學得一知半解。

「呷霸沒？」旁邊的門突然被打開，一名老頭出現並問了老闆。

我聽錯嗎？這是在説閩南語嗎？

「壓沒呷，蛋勒啦！」老闆回話。

我立馬用台語跟他尬聊，才知道原來他們是福建來的第三代。有了取代英文的語言，後面的教學都變簡單，甚至他們還可以説一些簡單的中文。我想一開始沒有立即表態會講中文，大概也是因為怕説的不好吧？

談好了價格以及運送方式，基本上就完成了這趟雅加達之旅最重要的事情。我們回到民宿，開啟渡假模式，又多住了好幾天。

◆

在雅加達的最後幾天，Kimi 成了導遊，帶著我們四處走。可能她真的沒事做（她自己是這麼説的），加上又很想讓我們多了解一點雅加達，所以堅持要陪我們逛街並且講解景點。

我們約好下次她來台灣時一定要讓我招待，如果還有機會再訪雅加達，我們也一定會找她。有句話説：

「每一個擦肩而過的陌生人，都可能是你未來的家人。」我在雅加達真的感受到了。

雅加達對我們而言，還有一個值得紀念的時刻，那就是 Mete 第一次在沒有我們的幫助下，扶著枕頭，靠自己的力量站起來了。

旅途七

—◆—

Travel
SEVEN

運氣好的時候，還會看見彩虹

我們一起相處了十天後，我又再次的離開你。我已記不得這樣的場景是第幾次，但心痛深刻的感覺提醒著我……「這不會是最後一次。」

八個月。

最近我開始在分享會上提到你，讓認識的、陌生的人們知道你是多麼勇敢，跟著我們旅行。你已經十個月大了，這些我寫給你的信也還在持續的累積。未來有一天，我們有誤解的時候，希望你能想起這些文字，這些我只想著你的時候寫的字。

你不在我身邊的期間，我把自己的行程排得滿滿的，光是這兩週我就放進了四場分享會（寫這封信的當下我剛閉幕一場，等著下一場的開幕）。我好像很忙，但好像又不忙，因為說話是件輕鬆

的事情（尤其我擅長），而分享來自於生活的積累。做個有故事的人，自然有説不完的故事。你的故事才剛開始，雖然你肯定不記得，但我們有好好的幫你記錄下來。等你準備好，執筆的工作就會交接給你，我跟媽媽年老之後的故事也將會由你來撰寫。

※

長大後，你可能會問我你是在多大的時候就會叫「爸爸、媽媽」，所以我在此記錄下，你是在九個月又十天左右開始，當時我透過手機跟你視訊，你（可能）無心的對著我輕輕説出「粑粑」。然後你突然放聲吶喊，把「粑粑」兩個字叫得渾厚有力。我高興極了。至於你的「媽媽」則是對著食物的時候就會喊出，我猜想你應該是以為「媽媽＝食物」吧！（可能很早就這樣了）。

※

我再過一週就要去帶團了，這次去的是印度跟尼泊爾。那是個艱難且髒亂的地方。你已經去過尼泊爾，當時強迫你戴上口罩的感覺，不知道你還記不記得。我想再忙，我仍然會想著你。你的媽媽這次給了我一張相片，是睽違已久的紙相片（你以後可能都會覺得稀奇，但我們小時候的相片都要「洗」出來），她要我放在隨身的腰包裡面，要我孤單的時候、大地寧靜的夜裡，拿出來看看你們。

　　我本來以為網路的便利，拉近了我們的距離，會讓我比較不想念你們。其實不然，反而是每天看得到摸不到的日子，更讓我難受。當兵的時候，我不曾倒數過日子，現在我倒是數起來了。我想著這次帶團回來後可以在一起將近兩個月，突然有了活力，像是春雨裡洗過的太陽，運氣好的時候，還可以看見彩虹。

筆於 2019 年 12 月 9 號台大校園

第七封信
聲音檔 QRcode

TRAVEL ESSAY. ONE

抱抱我的孩子，
讓我吃個飯好嗎？

October, 2019

◆◆◆

　　尼泊爾是我與依藍相遇的國家[14]，對她而言，還有另一層意義，就是生命的得來不易。2015 年尼泊爾大地震時，依藍就在加德滿都（Kathmandu），一幢幢印度風格的建築在她面前傾倒，掀起一層厚厚的塵土，空氣裡瀰漫著刺鼻的粉塵味，當下她真的以為是闖進了電影拍攝現場。困在加德滿都一週後，她才得以搭乘飛機回到中國。

　　這次回到尼泊爾，目的有兩個，其一是為了我的旅遊團（印度－尼泊爾跨境 25 日遊）場勘，特地在出團之前飛過來與當地旅行社確認行程。其二是開拓依藍的代購事業，當時正值寒冬，尼泊爾喀什米爾羊毛圍巾肯定能為這股冷氣團帶來暖流，我們打定主意後立馬從雅加達飛往尼泊爾。

◆

　　飛機降落在加德滿都特里布萬國際機場（Tribhuvan International Airport），窗外能感到一種破舊感，很熟悉，因為我上次來的時候也有一樣的想法。有些地方仍然在施工，鷹架依然在機場內出現。在《深夜特急》這本書裡，作者澤木耕太郎寫道：「對來自西方的旅客來說，加德滿都更是地之盡頭。」對於來自東方的我們也一樣

加德滿都街景。

如此，也許是看著高山仰止，總有種「不能再前進了」的感覺，所以停駐於此。

尼泊爾落地簽證費用針對台灣護照是 40 美元，中國大陸護照則是免簽。我帶著 80 美元走向簽證台，簽證官收錢後看了看我們，一臉疑惑的還了我 40 美元，當下我真的不知道該不該收，我問他：

「我不能入境嗎？」我的內心非常忐忑，擔心自己是不是要被遣返回雅加達。

「Of course you can！（你當然可以入境）」他微笑著看著我們，彷彿說著「安心吧！」

「那……為什麼還我 40 美元呢？」

「oh, he no need money！」簽證官笑著說著這句話，然後用手

114

指著我懷裡的 Mete。我與依藍對看，想憋住心裡的狂喜與臉上的竊笑，但失敗了。

「謝謝，謝謝，謝謝！」我連續說了三個 thank you 都覺得不夠。

尼泊爾除了是世界的盡頭外，又被稱為「最接近天堂的國度」，在這一刻，我真的覺得是了！

◆

加德滿都的空氣品質很差，每一口呼進肺裡的氣體都帶有顆粒感，而且是從下飛機就有這種感覺。特里布萬國際機場很小，大廳還有那麼點像菜市場，一些小販可以輕易闖入，出口旁邊幾格換匯所給出一樣低的匯率，彷彿他們與我們之間只看緣分，連招手攬客都省略。我拿出上一次未用完的尼泊爾盧比直接走向外邊的計程車，目的地是 Kathmandu Village House，這是我預計帶團來的時候可能會居住的旅館之一。

前往市區的道路只有泥濘，坑疤讓車子不斷晃動，每當輪胎要滾進一個坑洞時，車速都會驟降，然後緩緩駛入駛出。這裡沒有劃分車道，周圍不斷有機車呼嘯而過，這時感覺又不像天堂了，反倒像是第三世界裡的某個落後國家。

這些從機場發車的司機通常都會主動攀談，他們會從車內的某個地方抽出一張張行程推薦，上面標註的價格一般不會是真的，只是用來迷惑遊客，他們會說：「我只給你優惠，只要多少多少錢就好。」然後帶上一個商業笑容。

入住的旅館就座落在加德滿都最熱鬧的塔美爾（Thamel）街上，白天可以透過窗戶看到街上行人，晚上則可以聽到餐廳傳來的喧囂，有時候我覺得就是要讓吵雜聲（最好還是聽不懂的語言）擠滿房間才像旅行。我們早已習慣了與陌生人混居的上下舖青旅，

1 | 2　　**1** 加德滿都的空氣品質很差，每一口呼進肺裡的氣體都帶有顆粒感。
　　　　　2 餐廳櫃台小哥抱著 Mete 並試圖逗他笑。

現在因為孩子而選擇獨立房間，旅行的型態慢慢的被改變，窗外嘰嘰嘎嘎的雜聲反而變得悅耳至極，像是祭奠逝去的獨旅時代。

◆

　　Mete 已經八個月大，可以坐在嬰兒椅用餐，但不管是印尼還是尼泊爾，其實都很難找到有嬰兒椅的餐廳，而隨著他一天天變大隻，很難在抱著的同時用餐。抵達飯店後的第一餐，我與依藍交換抱著 Mete，沒抱著的人趕緊吃，吃完再交換。這樣的方式顯得用餐品質很差，也沒辦法好好品嘗料理，但就在第二餐出現了轉機。

　　晚上我餓的快，依藍不餓，想留在房間補眠，我獨自抱著 Mete 到街上覓食。找了一間看起來還有點人潮的餐廳走進去，在櫃檯點了蛋炒飯（ egg fried rice ），然後找個位置坐下。尼人普遍有深邃的眼眸，在他們眾目睽睽下，從進餐廳就已經成功吸住他們眼光。

食物上桌，我一手抱著孩子，另一手快速的用湯匙勺著飯吃，有點艱難但也無可奈何。

　　這時櫃檯小伙子走過來，問我：「請問你需要幫忙嗎？」

　　「啊？你願意幫我抱著小孩嗎？」我不假思索地說出心裡的話，自己都覺得這個要求有點誇張。

　　「噢！當然可以啊，我很樂意。」他伸出雙手，示意要抱 Mete。

　　「痾……你確定嗎？」

　　「真的，請放心交給我，因為這樣你才可以好好吃飯，對吧？」，「而且我很喜歡小孩，我姐姐有兩個小孩，我很常跟他們玩。」

　　「那……就麻煩您幫我抱一下，我吃很快。」我考慮了一下，覺得他不像是個壞人，於是我解下揹帶，把 Mete 從懷裡抱出，然後交給他。

　　Mete 已經習慣給陌生人抱著，所以他沒有緊張，也沒有哭泣，還對尼泊爾小伙子笑了。我空出了雙手，終於可以好好享用我的晚餐。小伙子的名字叫「辛格」，他抱著 Mete 跑進廚房，突然廚房傳出一陣歡笑聲，然後他又站在餐廳門口與隔壁店家的人交談，我看見他們用各種姿勢與鬼臉，都在想辦法逗 Mete 笑，這時心裡突然傳來了一個聲音，說著：**尼泊爾是最接近天堂的國度……，真的。**

註 14　我們相遇在 2017 年的加德滿都。當時的我正計畫為期一年的旅行，依藍則是路過的遊客。因為計程車司機的烏龍，把依藍從星級飯店載到了青旅，她不得已只能住下一晚，我們也因此認識。隔天她就前往西藏，而我也繼續自己的旅行。故事詳情可參考另一本著作《你所說的流浪，就是我的歸途》。

往南，是印度

October, 2019

◆◆◆

「大家好，歡迎來到我們的直播間……」人在郊區某間圍巾工廠內，我們開著直播賣著羊毛圍巾，心裡想著要把旅費賺回來。

「代購」是我們維持旅行的方式，這比我在景點當黑牌解說員賺得快，但一點也不輕鬆。開啟我們事業的第一個商品是印度喜馬拉雅牌的面霜、洗面乳還有唇膏等化妝品，我們沒想太多，傻傻的裝滿一整個箱子，直到要去機場前才發現「超重了」，扣除掉因為超重支付的費用後，才發現根本沒有利潤，我們第一筆生意就這樣虧本了。

後來我們還嘗試過很多方式，譬如用陸路的方式運往中國大陸，在西藏、四川或是廣西等邊境省分透過國內宅配系統運送至目的地。也曾在青年旅館與華人背包客套近乎，等（我們以為）熟識了，再委託他們回程時順手幫我們把商品帶回去，然後在國內機場寄出。但不論是哪種方式都存在著風險，就曾有背包客收了我們的運費與商品，回國後卻消失蹤影，line 或微信帳號都刪除，讓我們無法聯繫。損失的不僅僅是金錢，還有信任（對他們而言應該也不是太重要的事情）。

相比於其他方式，這趟尼泊爾之旅是零風險的代購，因為下一站旅程是回台灣。而這次也不會有超重的隱憂，因為圍巾很輕，帶個幾十條，甚至上百條都不是問題。幾趟工廠與塔美爾街來回穿梭，把旅費賺回來後，我們才開始享受這個山神與天女的國度。

1 2　　**1 2** 羊毛圍巾工廠員工在我們開直播時，幫忙照顧 Mete。

◆

　　塔美爾街有各式各樣的咖啡廳，價位從一杯黑咖啡台幣 20 元到 100 元都有，差異只在裝潢，服務內容其實差不多。有的像夜店，播放著高分貝音樂，賣著咖啡及其他酒精飲料，也有內裝恍如歐洲仙境，一絲不苟的桌椅。便宜的則有在低於地面的半穴坑洞裡享用咖啡，或是門面像台灣早期理容院一樣，門口掛著紅白藍相間裝飾的小店鋪。對我們來說其實都沒差，反正都沒有嬰兒椅。

　　某天我正走在街上，找尋新的咖啡廳嘗鮮。大約前方一百公尺看見一個華人走來，起初我不是那麼在意，但隨著愈走愈近，我的表情從不在乎的樣子變成詫異再轉變成狂喜，他也有一樣的神情。等我們相距不到五公尺時，突然雙臂一張，像看見上輩子情人一樣相擁在一起。

　　「太扯了！」，「是阿，真的太扯了。」我們互相驚嘆這場偶遇。

1　2 **1** 與又子的第二次相遇，依然在加德滿都。**2** Mete 與尼泊爾嬰兒的互動。

　　他是我的朋友，來自湖南，綽號「 又子 」。2017 年相識在加德滿都的一間青年旅館裡，他睡上舖，我睡在下面那張床。當年我們一見如故，很快就成了朋友。

　　其實旅行途中認識的人通常都不會有第二次見面，即使交換了通訊方式也僅僅止於寒暄。或許彼此都知道會這樣，所以更願意把心事說給剛認識的陌生人聽，反正未來也不會再遇到這個人了。我們的相遇就是如此，交換了微信卻很少連絡，但我記得他上次出走的理由是因為換工作，對於下一步該如何走還有點迷惘，所以來尼泊爾找尋答案。有趣的是，他的床位上一任主人就是依藍，他們剛好錯過。兩年後的這天，我們竟然再次於尼泊爾相遇，而且立刻認出了彼此。

　　「 你又換工作了嗎？」我打趣的問著，總覺得一定又是什麼理由才讓他回到這裡。

　　「 呵……這次不是，是更嚴重的事情。」他尷尬地笑著，我大概就猜到了。

　　「 分手了？可是上次不就是為了她才換工作嗎？」

　　「 不是有句話說『 過於接近會導致毀滅，保持些距離反而能擁有它 』，朝夕相處反而讓我們分開了。」他無奈的說著，但這結果

或許對他是好的，也許愛情真的需要距離感，才不讓人感到窒息。

往後的幾天，我們都一起用餐，然後聊著喜歡的旅行。原來他只是出來散心，跟公司請了一個月的長假，時間到了就得回去那個他剛剛逃出來的環境。

「你要不要來一場長途的旅行？」

「你是說像你那樣一整年不回去的旅行嗎？」他疑惑的問著。

「不一定要一年，就順著你的心出發，走多久都好，但不要停在加德滿都。這裡，不該是你旅途的終點。」

「可是我只帶了一點東西出門，我不知道能撐多久，如果是未知的旅行，我是否應該準備的更多？」

「你帶了一個月的行李還不夠多嗎？甚至我都覺得太多了，你先去印度看看吧，這樣就不是未知的旅行，印度就是你的下一站！」我像是兄長，幫弟弟規劃好行程，還強迫上路。

「印度之後呢？我該去哪……？」

「跟著你的心，等你到了印度，你就會知道下一步該如何走。如果你迷惘了，就像我們的相遇一樣，找個青年旅館的遊人聊聊。試著去接受改變，讓陌生走進你的世界吧。」

那晚，依藍陪著 Mete 在房間休息。她允許我放縱一夜，所以我們開了酒，盡情的喝，敬我們的友誼，敬未知的旅行。

隔天，沒有正式的再見，他收拾了行囊，離開了加德滿都，往南，是印度 [15]。

註 15 又子目前是小有名氣的旅行 Youtuber，從 2019 年與我們在加德滿都分開後，至今沒有回家，一直在旅行的路上。印度之後是伊朗、埃及、沙烏地阿拉伯、土耳其、巴爾幹半島，何時停止旅行都還是未知。

旅途八

———◆———

Travel
EIGHT

深夜爸爸心裡的話

有一天，他們會倒下；

有一天，我們會長大。

成長的養分，用的是他們的青春。

需要的成熟，來自我眼裡的他們。

❀

當了父母，我才開始想（他們離開我的）那一天會是哪一天？

看著我的孩子長大，漸漸的，我對生命產生了蜷縮。這也算是一種爸爸的產後憂鬱症嗎？

❀

十個月，拍攝於雲南。

當了另一半，我才開始理解，做好老公的身分不容易。

在社會上，只要扮演適合自己能力的角色，就會有回報，這個報酬自然是錢。在家庭裡卻不能只找一種情緒，有時候你會以為有付出就會有回報，慍怒帶來的只是惆悵。

第八封信
聲音檔 QRcode

❀

有一天，妻子會陪著我會慢慢變老。

有一天，你會長大。

白髮的我們會跟你說「再見」。

而你會繼承我們，一切的一切，包含靈魂。

我們永遠都在，就像我的奶奶從沒離開過我一樣。

我還記著她泡奶粉問我要喝幾匙的畫面，也記得當她回想她的

爸爸媽媽時的緊閉雙眼。

我想跟你說，我怕變老，變得需要別人照顧。

但更害怕的是看著父母變老。

生命的可貴，也許就是它的有限；

生命的價值，也體現在生與死之間。

有時候，我想的比較多，因為所剩無幾。

在與你們分開的這段時間，我只好繼續的跟寂寞作伴。

筆於 2019 年 12 月 18 日飛往印度前一日

2019 年的最後之旅

December, 2019

　　彩雲之南，從前只在金庸小說裡讀過的地名，這次都一一拜訪了，對我來說，就像是一場朝聖之旅。

　　與又子分開後的一週，我們也從加德滿都離開，回到了浙江溫州。距離我下一次工作還有長達三週的時間，我們決定前往雲南。這不是依藍第一次去，但卻是我與 Mete 的第一次，也是我們以家為單位的第一次。

　　我們規劃的路線是麗江、大里、昆明，沒有既定的行程。自從有了 Mete，就沒有非得要去哪的心態，總覺得待在房間，開著窗，讓太陽曬進來，然後我們各做各的事情，我可以看書，依藍可以看劇，Mete 就四處爬竄，這樣過一天，就像平時日常，也是一種幸福的選擇。旅行不一定要在異地不停的移動，也可以只是單純在異地生活，感受遠方，享受時光帶來的每一次感動。

　　盤點前幾次的經驗，同時也隨著 Mete 愈長愈大，嬰兒揹帶與推車都不再適用，這次我們直接把 Mete 變成行李揹著。這是一種名為「兒童揹架」的背包，嬰兒可以坐在背包內，揹架底下的空間可以放置一些尿布或濕紙巾。最實用的部分則是揹架可以直接站立在地面，如同餐廳兒童椅一樣，讓我們空出雙手能好好用餐外，還能餵食小孩。缺點只有一個，就是有點重。

1 2　**1 2** 為雲南期間拍攝。

　　十一月底的麗江有點冷，不時還會小雨紛飛，淡季的雲南我們反而喜歡，沒有太多遊客，店鋪也不會積極攬客，我們隨心逛也不遭人嫌。

　　距離麗江古城半小時路程有一個拉市海濕地公園，想著不遠就決定出發。我們穿過古城內的市集，來到公交車站牌旁，牌上路線圖有停靠站名，我搜尋著能到拉市海的班車。突然兩名大媽出現在我旁邊，她們一手一個塑膠袋，裡面裝著大蔥與綠色蔬菜。

　　「去拉市海嗎？」其中一名大媽問我。

　　「阿……是阿。」我心裡想著她們應該會告訴我該搭幾號公交車。

　　「那你們要不要搭我們的車去？我們就住在那，剛好出來買菜，準備回去了。」大媽熱情的邀約讓我內心歡喜，說不準還可以順便帶我們玩呢！

　　「每個人只要 25 人民幣，你的小孩可以免費沒關係。」她接著說。

　　開心不到幾秒就僵了，原來這是筆生意。但我們還是有點動心，人生地不熟，有車直接載我們過去也是方便，只是我對她們突

為麗江拉市海風景。

如其來的搭訕與熟稔的談價不免讓我懷疑，這就是個局，而我們已經默默的被請進去甕裡了。

「你們真的只是剛好出來買菜嗎？還是假裝買菜，其實是拉客？」後來我們還是付了錢上車，她們勾起了我的興致。

「我們是真的出來買菜阿，只是如果有遊客，我們也會問問，順便把油費賺回來罷了！」大媽倒不遮掩她們的意圖，我不討厭這樣的直爽，一路有說有笑地開往拉市海。

後來我才知道，拉市海很大，大到每個人的認知可能天差地遠。我們想的拉市海是遊客去的濕地公園，但大媽想的拉市海是她們的村莊，一樣都看的到湖面，但完全是不一樣地方。

司機大哥看我們不是要跟大媽回家，於是又做起了另一筆生意。大媽下車後，他表示願意載我們到遊客中心，我心裡想著他們人還是不錯的。但我又錯了，原來拉市海有好幾個遊客中心，而司機載我們去的是茶馬古道海北遊客中心，是玩騎馬的地方。

「這騎馬真的好玩，我有認識的，可以給你們折扣。」大哥殷勤介紹著。

「可是我們只想去濕地走走……」

「你們真的不騎馬嗎？很好玩，小孩子也可以玩。」

「我兒子不到一歲怎麼玩？」

「你可以抱著他騎阿。」

「你介意載我們到濕地公園那邊的遊客中心嗎？」

「不行、不行，我沒空了，你們真的不騎馬嗎？」大哥略顯不悅，又擺手又抖腳的說著。

「我們真的不想騎馬，只想去濕地公園裡面走走。」彷彿我說再多次都沒用。

「那我不管了，我就載你們到這！」然後他就真的驅車揚長而去，留下尷尬的我們。

我走進遊客中心，拿了一份濕地公園的全景地圖，詢問位置後，想著慢慢走過去吧。心裡也沒有特別生氣，只覺得沮喪，好像不斷地被打敗。我跟依藍道了歉，因為我的決定，讓她跟孩子陪著我迷失。

「沉浸在失敗的過程也很有趣，每個人都會經歷這樣的事情，只要重新再站起來就好了。」依藍安慰著我，想起在國外的風風雨雨，這或許不算是太大的失誤。

沿著開過來的路往回走，大概只走了十分鐘，一台計程車停在我們旁邊，拉下了窗，示意要我們上車。我望向依藍，用眼神問她，要再相信一次嗎？她點了頭，於是我們再次坐上了車。

「你們是剛騎馬結束嗎？」於是我們把從麗江古城到剛剛發生的事情說了一遍，解釋為什麼會到茶馬古道海北遊客中心。

「哈，很多遊客都被載到那，然後莫名其妙的就上了馬，也算是種體驗不是嗎？」司機笑著，看來這真的是個局，我們太後知後覺了。

　　「那你能載我們到我們想去的遊客中心嗎？」我謹慎地問著。

　　「可以的，反正我順路，不收錢，別擔心。」

　　不管是不是真的，只要能到，就算再付一次車費我也願意。順利抵達濕地公園遊客中心後，依藍準備要掃碼支付，司機卻突然阻止了她。

　　「我剛說不收錢了，你們玩得開心就好。」然後他也自顧的開走了。

　　　　◆

　　那天，我們在溼地公園逛了四個多小時，玩得很盡興，拍了很多照片。我們選擇了一直相信那些主動攀談的陌生人，雖然有些騙局，但也因此遇到了第二位司機，讓我們一整天都維持著一種感恩的心。

　　麗江之後，我們又在大理古城與昆明待了兩週，然後回到了浙江溫州。這是我們最後一趟遠行，結束了 2019 年一家三口的旅居生活，待我獨自回到台灣就要帶團到印度與尼泊爾。我與依藍相約來年（2020）一月在台灣相見，帶著依依不捨的心，暫離我的家人，他們不在遠方，在我心房。

```
1
2
```

1 **2** 為雲南期間拍攝。

1　3
2

1 2 3 為雲南期間拍攝。

旅途九

旅途九

Travel
NINE

生日快樂，Mete

一歲。

今天是農曆初一，去年的今天是你來到這個世界的第一天。

圍爐過後，你的媽媽突然一股陣痛，這比醫生預估的時間提早了 10 天左右。當然，我也曾想過會這麼剛好，只是沒有預料就真的是今天了。還記得你的爺爺開車把我們載到榮總醫院，一路上沒什麼車，店家都是拉下鐵門熄燈。本來應該 20 分鐘的車程也變得只要 10 分鐘。

為了減低媽媽的緊張，我還打趣的說：

「還好我們有吃到團圓飯，這樣妳才有力氣生。」就結果來看，並沒有因此有力氣生。媽媽花了 20 個小時才把你「拉」出來。

❀

第一趟到醫院，醫生覺得還不到時候，似乎你還沒有想見面的念頭。我們回到家中。媽媽開始數著陣痛的秒數，紀錄著每一次的時間與間隔。雖然醫生說可能要到隔天早上你才有可能出來，但媽媽是個極度怕痛的女孩，才回來一小時，她又嚷嚷著說要去醫院。

我當時還埋怨爺爺竟然喝起酒來。「阿醫生不是說明天再去嗎？」一臉微醺的爺爺看著我說著。最後只好趕緊叫台計程車載我們去醫院。在過去的路上，媽媽已經痛不欲生，我緊握著她的手，用另一隻手擦著她額頭上的冒汗。我知道，我是她在台灣的精神支柱，因為外婆沒辦法過來，這整個過程也將只有我一人陪伴在媽媽身邊。

❀

　　我們都有預感你即將出世，但這過程是掙扎的，媽媽催促著醫生快打止痛藥，甚至我還沒簽完所有條款就已經注射進去了。我還記得那天因為是初一，醫院只有一個掛號櫃檯，而這個櫃檯偏偏離婦產科很遠。我一人獨自走去，幽暗的走廊只有我的腳步聲，偶爾電梯打開會有躺著的老人被推著出來。

　　我不記得我都想了什麼事情，我只記得空曠、孤獨的感覺侵入我全身上下的毛細孔。一想到依藍也是這樣，不自覺地加快了腳步。

❀

　　等我回到待產房，媽媽已經躺在床上滑手機。止痛的錢花的值得。漫漫長夜，我們聊著，好奇你會是子丑寅卯哪個時辰出來見我

們。關於你的名字，你會喜歡吃什麼？你會享受跟著我們的旅行嗎？我們討論著。

「你早點休息，妳需要體力。」我撫摸著媽媽的頭。她放下手機，輕閉雙眼休息。頓時我也覺得一陣疲憊上身，但我猶豫該不該睡，事前我完全沒有做功課，除了陪伴，我不知道我該做什麼。最後我趴著床沿慢慢睡著。

※

「老公，老公，我肚子有點痛……」幾聲呼喚，我醒了來。醫生判斷有可能要生了，幾名護士陸續進來，接著就是一連串的用力、吸氣、用力、吸氣。我握著媽媽的手，內心喊著加油，對媽媽說著，也對你說。

推進產房那一刻，我全身像是剛做完拉皮手術般緊繃，心跳比愛情帶來的曖昧還快，那是親情的撼動吧！換上產房無塵衣，明明我在台積電穿過不下一千次的無塵衣（穿法還比較複雜），但我卻突然像個新手需要護士指導。

產房似乎有點冷，我卻流著汗。我看到媽媽躺在房間中央，主治醫師正對著她說明生產的注意事項。我向前邁進，來到媽媽身邊，再次牽起她的手，我沒有打斷醫生的話，但我要媽媽知道，放心，我來了，我在妳身邊。

我不記得在產房待了多久，好像很快，但事後看手錶卻很久。我記得你剛出生的樣子、顏色、表情，還有你與媽媽的連結，我都記得。你第一次睜開眼，我是第一個抱你的家人。

那天，我成了父親，你的爸爸。

✦

我們選擇了與你同房，天真的我們以為可以照顧好你，很快的我們就知道這想法是錯的。才一天我們就把你推給護士，讓我們可以好好睡一覺。這是我人生第一次在醫院過夜，可能是大年初一，意外的寂靜。

醫院的三天很快樂，有你、有媽媽，還認識了新朋友。但對媽媽來說還是不免寂寞。

如果今天我們在溫州生產，也許會有很多朋友探訪。在台灣，除了我跟我的家人，沒有了。我是媽媽在台灣唯一的精神支柱，所以我一定要在她身旁。現在她多了一個留在台灣的理由，你。

我似乎說的太遠太多了，回到 2020 年吧。今天是大年初一，也是你的生日，我們很感謝你的到來完整了我們的生命。我不是個很愛過生日的人，但我希望你可以享受這個特殊的日子。

✦

這一年來，你陪著我們去了很多地方，可能沒有一個寶寶能像你這樣。有人羨慕，也有人覺得對你來說太辛苦。但我想我們在哪，哪裡就是家吧！你還太小，生日願望還沒辦法自己說，姑且我就幫你想幾個：

1/ 媽媽永遠年輕貌美。

2/ 家人身體健康。

3/ 世界和平。

長大後你可能會覺得我浪費了你一年一次的生日願望，但我每一次都是許這樣。我承認很沒有創意，但我希望不管未來你多大了，你一定要留一個給媽媽，我們約定好了。

　　這是寫給你的第九封信，也是紀錄著你成長的手札。爸爸能給的不多，文字是我給你最廉價的禮物，但只要仔細閱讀，你會發現裡面有我跟媽媽對你無盡的愛。

生日快樂，我的孩子

筆於 2020 年 1 月 25 日農曆大年初一凌晨四時

第九封信
聲音檔 QRcode

TRAVEL ESSAY. ONE

推嬰兒車徒步環島

April to June, 2020

◆◆◆

　　徒步環島是一種挑戰，即使把徒步旅行跟環島兩件事拆開來看依舊是如此。因為新冠肺炎（Covid-19），讓我失去了賴以為生的工作。我是第一波遭受疫情影響的產業鏈，那就是旅遊業。

　　2020 年 1 月 9 號，我從尼泊爾回到台灣（依藍與 Mete 從溫州），兩天後是決定台灣未來的重要日子，那就是總統大選。本來預計只在台灣待一個月，春節過年後的 2 月 9 號就要回到溫州舉辦婚禮。萬萬沒想到，因為疫情，就這樣待下了。

◆

　　領隊一直是我這幾年來的另一個身分，畢竟要維持旅行的成本不低，邊玩邊工作應該是最理想的工作。所以在旅行的同時，也將這些足跡串接成一條條秘境旅遊路線。可能是因為選擇的路線較為特殊，加上帶團的風格受大家喜愛，默默地在旅遊業闖出一片天，在 2019 年的 7 月與一群夥伴正式成立了旅遊品牌『 輕裝上陣 』。然而好景不常，不到半年就碰上 Covid-19，也使得工作不得不喊停，我開始過上無業的日子。

　　我們並沒有意志消沉，反倒是享受了難得的休閒時光。或許是對台灣防疫有一定的認同，也可能是對這場疫情的認知嚴重不足，所以只把幾個月的失業當作一段短期長假。然後某天環島的想法就出現在腦裡。

1 | 2   **1 2** 第一站是彰化，走了一週還在彰化境內，讓依藍開始萌發了後悔的念頭（拍攝場景在彰化扇形車庫）。

◆

這場徒步環島旅行的初始原因其實有點搞笑。我不是第一次環島，但「用走的」這件事情一直只存在於幻想之中，我真沒想過要一步一腳印的完成繞台灣一圈。偏偏我的另一半想到了這招，當然，後來上路，先後悔的人也是她。

妻子依藍來自浙江溫州，我們的緣分起於尼泊爾，相愛在印度。即便結婚後也一直在各地旅行，所以她對台灣非常陌生，作為一個「台灣媳婦」，她總覺得應該要多認識這片土地。也許每多一丁點的熟悉，就等於更瞭解我。

「為什麼不用走的？台灣感覺很小阿。」本應該是很難的一件事就這樣被她輕易地說出口。

「你不能拿中國跟台灣比，再小也要走個一個月吧……。」事實上我也誤判了徒步的難度。就如同當年哥倫布認為的地球只有現在的 3/4 大，從西班牙向西到中國也應該不是太難的事情一樣。雖然不是腦袋瓜一拍，腦門一熱就下的決定，但確實沒有太多的爭辯就訂下了交通方式，兩條腿。

對我們來說，用不用走的只是差別在所花費的時間長或短。真正困難的是我們有一個連走路都不會的娃兒，那就是我們的孩子，一歲兩個月大的 Mete。如果真的徒步環島，那推車是不是就一定要帶上？這結果自然是不言而喻。準備好行李，一人一個後背包，奶瓶、奶粉和尿布，推著嬰兒車，我們上路了。

◆

彰化是我們第一個橫跨的縣市，很快的依藍就後悔了。

「咦，老公，台中以南都叫『彰化』嗎？」她有點不敢置信走了一個禮拜竟然還在名為彰化的縣市，不免懷疑台灣縣市數量是不是有點少。

她確實不知道，在這之前她也只聽過「台北」、「桃園」、「台中」、「高雄」，就跟十年前的陸客只知道日月潭、阿里山一樣。

為了不讓依藍覺得太累，我們也會搭便車，但因為沒有做任何「標示我們正在環島」的告示牌，所以只有極少數經過身旁的車輛會發現我們正在徒步環島。

臉書是唯一對外告知的窗口，也因為如此，有非常多的朋友與陌生人透過臉書的口耳相傳，熱情的私訊我們，途經他們的城市時，能駐足片刻好讓他們盡地主之誼。這路上相見了很多畢業之後就鮮少聯絡的同學，也認識了很多來自網路的新朋友。

很令人意外的是，很多民宿業者知道我們在徒步環島之後，都給予相對便宜的房費，也因為我們帶著嬰兒，有時候房間沒那麼緊張，還會免費升級更大更好的房間。

大約兩週後，我們才終於離開彰化，進入雲林後，開始依藍不熟悉的那些名稱，她才真正感受到「徒步環島」要開始了。

徒步帶來的感動

April to June, 2020

◆◆◆

「好好使用，它可以用到 Mete 三歲。」這是我讀研究所的教授送我推車時說的話。據說是德國牌子，想當然一定是很堅固，徒步環島就決定帶上它。

很多徒友除了揹登山包，有時候還會拉一個小推車在後頭，上面放著較重的行李，這對徒步旅行來說，是非常省力的方法。因為我們有嬰兒，必須推一台嬰兒車，車子底下跟兩側握把就成了減輕負擔的好所在。我們把最重的奶粉跟熱水瓶放在底下，兩側掛著路邊買來的零食，徒步就跟散步沒兩樣的悠哉。

每一次有熱情的路人贈送礦泉水或是運動飲料，我們就會放到推車底下，通常一天收到的量有 2 ～ 3 瓶，但偶爾還是會滿載。橫跨高雄跟屏東的那天就滿到沒地方擺。

記得那天和風麗日，我們從高雄出發要往屏東。計畫是走上高屏大橋，跨過高屏溪。但不管是從網路上的資料看，還是詢問時常往返兩地的朋友都表示沒看過人走，但從法令上看也沒有任何違法的地方，所以我們決定試試看。

沿途走，我們就沿途問，得到的答案無一例外的是「不知道」或是「沒看過有人走」。

在距離大橋前的一公里處，碰上一位單車騎士，他是唯一給予我們正面答覆的人，因為他正打算騎上大橋到屏東。有了他的先

為走上高屏大橋前的拍攝。

例，我想應該是沒有問題。

在上橋匝道前，我們再次被攔住，是路邊開著麵攤的老奶奶。

「你們要去哪？」老奶奶問我們。

「我們要走到屏東。」

「上這個橋嗎？」她用一種不能理解的口吻說著，並且用手指著匝道方向。

「那你們先在我店裡休息一下吧，我拿些東西給你們帶上去。」她繼續說著。

於是我們轉入麵攤，在裡面找了陰涼處坐下，也順便讓 Mete 下車爬爬。沒多久，老奶奶拿著三瓶麥香奶茶給我們，要我們先喝，然後等會再拿礦泉水。

我們邊喝邊休息，但老奶奶並沒有坐下來跟我們聊天，她繼續做著事情。我們只顧著關心 Mete 不要爬得太遠，沒注意到老奶奶

圖片於美麗島捷運站拍攝，徒步環島也是讓依藍認識台灣的一個方式，自然不能錯過知名的高雄景點。

竟然消失在我們的視線範圍，我站起來左顧後盼都沒找到她，即使到麵攤外，也沒有人煙。正當我們驚訝地說不出話，懷疑是神明顯靈時，她又出現了。

　　只見她手裡捧著一時數不出數量的麥香奶茶、麥香紅茶還有幾瓶水。

　　「 這些你們帶著，橋很長，你們慢慢喝。」老奶奶熱情又和藹的模樣真的感動了我。倒不是因為她送了很多飲料，而是她捧著十幾瓶飲料，步履蹣跚的樣子觸動了我。這些畫面更是讓依藍有種說不出來的激動。

　　我們從老奶奶手中接過飲料，挑了兩瓶麥香奶茶還有兩瓶水，其餘的放在桌上。我握著她的手說：

「阿嬤,謝謝您,但我們真的喝不完這麼多。真的不好意思讓您跑一趟,我們這樣就夠了,真的。」她笑起來連眼睛都快看不到,也不強迫我們收下全部,只是重複叮嚀著,要我好好照顧老婆跟孩子。在離開前,我問老奶奶能否合照,她笑著揮了揮手說:「我不好看,不拍,有空再過來玩就可以了。」

◆

上橋後發現機車道跟汽車道分開,我們走在機車道上很安全。可能是避開上下班時間,偶爾才會有幾台車呼嘯而過,大部分時間是空蕩蕩。

高屏大橋全長約兩公里,用走的大約半小時。大概走了二十分鐘左右,突然一台車停在一旁的汽車道上,車窗搖下,駕駛座上的大哥喊著:

「上來、上來!我載你們過去!」

我向前靠近跟他解釋我們在徒步環島,正要拒絕他的好意時,依藍從後方趕上,連忙修改了我的說詞,並表示樂意搭乘便車下橋。

「我以為你們是車子拋錨才用走的。你們倆相差一兩百公尺,我想說是不是因為沒有車子所以大吵一架。」這位大哥非常有心,他在上橋前正好看到我們也準備走上去,他很快地通過高屏大橋,心裡愈想愈不對勁,覺得自己有使命感要來關心我們。於是他一個調頭又上了高屏大橋,然後再重新從高雄那端上來。

這樣來來回回,等到他找到我們時,已經走過了一半。

大哥把我們放在屏東火車站,下車後,他笑著唸了我幾句,要我不能讓妻子獨自走在這麼後面,應該要放慢腳步等她。

當天晚上，我們讓屏東的朋友請了一頓豐盛的晚餐。雖然只是短短的從高雄到屏東，卻發生了很多感人的事情。推車底下依然是滿滿的麥香，彷彿剛發生過一樣。依藍有感而發的說著：

「 早聽說台灣最美的風景是人，但沒想到這道風景也太美了！」

◆

嬰兒車一路推著，我把教授那句「 可以用到 Mete 三歲 」謹記在心，但卻忘了前提是「 好好使用 」。就這樣走到花蓮，某天它就不能動了。

環島途中唯一配備升級的 Mete，他在花蓮換了一台更加堅固的推車。

　　其實在進入台東後就開始出現異常，它不時會發出聲響，像是滾沸的煮水壺發出的壺笛聲，激烈的呼喊。一路上都有聽到它發出的求救訊號，但路還是得走，最多就是減輕握把兩側的負擔，讓它可以再續命幾天。

　　我天真的以為它可以陪我們走過千山萬水，然而事實證明它只能陪我們到花蓮，就迎來了盡頭。

　　沒有嬰兒車，我們這趟旅程等同於宣告結束，抱著 Mete 走是不切實際的想法。

　　早在台東時，我就在臉書上面發文章，詢問花蓮宜蘭地區有沒有人可以賣二手嬰兒車，最後一位住在花蓮市的大哥願意直接送我家裡不用的車子。很巧的是，就在我們發現嬰兒車從此停機的一個小時後，一台廂型車突然停在民宿門口，一位大哥從車裡出來，迎向剛好站在門口的我。

　　「您好，我要找楊迷斯。」他問我。

　　「您好，我就是。」

　　「噢！太好了，這是說好要送你的推車。」他從後車廂裡搬出一台銀白色的嬰兒車，雖說是二手，但看起來跟新的沒兩樣。「我還特地洗過，應該沒問題，來，我教你怎麼使用。」

　　如果沒有這趟環島，我真的沒有想到台灣人的熱情是如此濃烈。如果不是選擇徒步，那故事一定會少很多。或許就如同依藍說的，台灣最美的風景是人，而我也重新被台灣感動了。

回家不是結局，是新的開始

April to June, 2020

　　有人說環島是一條繞了遠路的回家，我們花了兩個多月完成，回到家看見爸媽，他們的反應卻好像從沒發生過徒步環島，只問了晚餐要吃什麼，但對我們來說是完全不一樣的感受。我記得回到家的那一刻感動，那是一種我怎樣也形容不出來的「爽」。

　　這趟旅程有非常多的記憶點：

⇒　第一個遇到的徒友在彰化田尾的青旅。

⇒　Mete 第一次不倚靠任何東西站起來是在雲林斗六的民宿。

⇒　人生第一次被請進警察局喝茶是在恆春。

⇒　因為疫情，墾丁大街的攤位比遊客多。

⇒　在台東青旅看到寫著浙江溫州的漂流浮球。

⇒　在台東的民宿收到其他房客的金援贊助。

⇒　在花蓮體驗了高空垂降還有搭乘大卡車參觀西瓜田。

⇒　第一次跟郵差說這麼多話，甚至還住下來是在宜蘭。

⇒　第一次接旅館業配在西門町。

⇒　在基隆被傾盆大雨淋成落湯雞。

⇒　在新竹跟一群徒友相伴走了二十幾公里。

⇒　Mete 第一次下車靠自己走路是在苗栗。

1	
2	3

1 2 3 環島途中的照片。

⇒ 在墾丁、台東、花蓮、桃園都被來自中國大陸的姊妹招待。

⇒ 在距離家門口的 100 公尺處，Mete 下車用雙腳走，實質參與了我們徒步環島完成的瞬間。

其實還有非常多值得被記住的時刻與事件，我們只是列舉一二。這路上若沒有這麼多人的幫助，我們絕對無法完成這趟旅行。有好幾次都想放棄，直接搭車回家，又或是改用火車完成。

我記得依藍在台東再度萌生放棄的想法時，我是這麼跟她說的：

　「我們已經走一半了，距離回家的路也就剩下一半。如果我們現在選擇放棄，其實也沒關係，因為很多人連這一半都沒辦法完成；但如果我們繼續堅持下去，我相信我們會是台灣唯一帶著嬰兒，推著嬰兒車徒步環島的家庭。」這一次的真情流露又讓她多撐三個禮拜才舊病復發。

　　◆

　　在環島的過程中，不全然都是順境，但慶幸的是我們幾乎沒有爭執。不過還是會遇到一些「偏執狂」，認為徒步環島就應該全程用雙腳走，一小段的搭便車、火車都是不被允許的。我們尊重他們的想法，但這是我們的旅行，用我們喜歡的方式才有意義。

　　我們追求的徒步環島是一種精神，倒不是非得要堅持全程用腳行走。事實上有兩段路程我們是直接選擇搭乘火車，那就是「南迴

1 2　**1 2** 環島途中的照片。

公路」與「蘇花公路」。由於這兩段的距離過遠，中間不易休息，加上推嬰兒車在隧道裡走似乎不是個好主意，所以我們直接搭乘火車通過。

在這趟旅途中，真的有太多我們沒想到的驚喜，用不同的速度欣賞台灣，會有不同的美，用最慢的速度能體會的也許真的最多。常聽人說，施比受更有福，這路上我們真的接受太多太多的善意，都有點不好意思了。從這之後，我也開始會特別注意路上正在徒步的旅人，如果有時間，我會去超商買個水，或直接請他休息片刻讓我盡地主之誼。

環島結束後的幾天，我獨自到花蓮把蘇花公路「走完」（妻子已經發誓這輩子只走這一次），也算是滿足個人的一點小成就。也許有機會我會再走一次，等哪天又開始放長假，我又丟了工作的時候吧！

第十封信 TENTH LETTER

謝謝你，陪著我們任性

旅途十

Travel
TEN

一歲四個月，環島途中拍攝。

謝謝你，陪著我們任性

孩子，謝謝你。

開頭跟你說聲謝謝，是希望未來你懂字的時候，你能原諒這一年多來的任性，說不准那時候我還在做著充滿傻勁的事。

這封時隔四個多月才寫完的信，是有一些原因。你會聽我的解釋吧？

有一種很恐怖的病毒來襲，沒有人知道該叫它什麼，也沒有人知道它的來歷，它就這麼無聲無息地敲了門，然後不分由說地破壞了每一扇門背後的家庭。同樣的，它也影響了我們。

爸爸沒了工作已經是半年的事情，你可能想像不了沒有收入卻還要養著一夥人的壓力。曾經我埋怨著我的父親（也就是你的爺爺），埋怨著自己的童年過得很辛苦，貧窮與飢餓偕伴而來，佔據在家裡就賴著不走了。等我懂事後才知道，他們已經盡了最大努力

讓我過著「看似平凡」的日子。

我看著父母四處籌錢，彎著腰背向親友一次又一次的借錢。事實上我感受不到他們的艱苦，因為我只想著自己明天上學要跟同學聊什麼，想著下課回家打電動，接著上次的位置繼續破關。說白了那是兩個不同世界，不同的感受。

現在我稍微能理解了，原來沒有收入是這麼恐怖的一件事。

失業的這半年，我沒有去找工作。我傻傻地相信疫情會有轉機，而且就在不遠的未來。你的媽媽常跟我說一句話：

「人還是要有點幻想，要是實現了呢？」

我希望你也能把這句話帶上一起成長，幻想要是實現了，那將會是夢想。

❀

關於夢想這件事，我聽人這麼說過：

去想，做不到。

去做，意想不到。

所以爸爸還在做，還在逐夢的路上。而你，被我拉著一起上路，走著。沒有問過你的意願，也沒有經過你的同意，對不起，爸爸真的很任性。

我一直做著很冒險的事情，失敗了就是賠上一家人。我的爸爸看似失敗了，卻也成就了我。「**人生最大的冒險，就是你從不去冒險。**」這句話套用在當年的爺爺很適合，只是……剛好他沒有太成功而已。但我沒有因為他的歷歷在目就停止挑戰，我也希望將來你是一個勇於冒險的人。假如我失敗了，也不過就是負面教材，你別學就是了。

　　　　❀

　　這半年來，我們相處的時間多了很多，或說是朝夕相處。我很珍惜這段時光，沒多少父親能無時無刻的陪伴在孩子身旁。我是少了一些收入，但也多了不少我與你之間的悄悄話。其實全世界最幸福的童話，不過是與你們一起度過柴米油鹽的歲月，我想是吧。

　　對了，你最近開始學走路，你慢了別人不少，但跟當年的我相比還是快了半年。聽你的奶奶說，我學習能力不好，什麼都比別人慢，說話慢，走路慢，國小畢業還只會加法跟減法。但你看，我現在不也過得滿好的。如果哪天你發覺追不上同儕，別氣餒，我在你後面。只要你不放棄，總會有你發光發亮的時候。你的爺爺曾是學校裡最能跑的人，拿下不少馬拉松獎牌。他最常勉勵我的話就是：

　　「人生就像是一場馬拉松，贏在起跑點的人，不一定就能跑到最後。終點是給努力到最後一刻的人。」

　　我不知道下一次的工作何時會來，但凡還有努力的空間，我就會繼續幻想下去。這股傻勁不知從何而來，希望不會遺傳給你，哈。

等你懂字之後，你會發現有一大堆跟你有關的事要讀。這些都是你記不住的時光，我用文字幫你留住。媽媽說，我是一個天生要說故事的人。以前我總說著自己的事，未來，我要說「我們的故事」。

謝謝你，我的孩子，Mete，陪著我們任性。

筆於 2020 年 5 月 20 日
完成於徒步環島結束後的一週（6 月 8 日）

第十封信
聲音檔 QRcode

帶娃出國
行李 / 食宿經驗分享

● 日本 JAPAN | 🖊 4 Month

28 吋行李箱 × ❶

> 明治奶粉 × ㊿ tube・M 號尿布 × ㉚ pcs・空姐鍋 × ❶・奶瓶 × ❷・Mete 衣物 × ❿ 套
> 依藍衣物 × ❺ 套・保溫瓶 × ❶・兒童專用清潔液 × ❶・拖鞋 × ❷・泡麵 × ❺

45L 後背包 × ❶

> 奶嘴 × ❸・玩具 × ❸・迷斯衣物 × ❸ 套・保溫瓶 × ❶・奶瓶 × ❶
> 明治奶粉 × ❸ tube・M 號尿布 × ❸ pcs

嬰兒揹帶 × ❶

　　考慮到日本也買得到奶粉跟尿布，所以並沒有準備太多。但因為是第一次帶孩子到非華人國家，所以還是謹慎的帶了最大的行李箱出門。當然結果是很後悔，但這些都是必經之路。

🇨🇳 ⭐ 西安 XI'AN・越南 VIETNAM | 🖊 5 Month

28 吋行李箱 × ❶

> 明治奶粉 × ⑳⓪ tube・M 號尿布 × ㊿・空姐鍋 × ❶・奶瓶 × ❷・Mete 衣物 × ❿ 套
> 依藍衣物 × ❺ 套・保溫瓶 × ❷・兒童專用清潔液 × ❶・拖鞋 × ❷・塑膠碗 × ❷

45L 後背包 × ❶

> 奶嘴 × ❸．玩具 × ❸．迷斯衣物 × ❸ 套．保溫瓶 × ❶．奶瓶 × ❶
> 明治奶粉 × ❸ tube．M 號尿布 × ❸ pcs

嬰兒揹帶 × ❶

　　因為西安跟越南都沒有日本明治奶粉，所以我們離開日本時，買了非常多的奶粉。一天喝 5 條奶粉，一個月就是 150 條，我們多買 50 條以防 Mete 突然食慾大發。因為沒有可以取代行李箱的背包，所以 28 吋箱子繼續跟著我們到西安。

　　隨著 Mete 長大，他的食量也漸漸變大。我們在廣西多買了一個保溫瓶，同時也開始做輔食給他吃，所以儲備的熱水也必須變多。

 印度尼西亞 INDONESIA．尼泊爾 NEPAL　　 7 Month

20 吋行李箱 × ❷

> 明治奶粉 × ⓯ tube．M 號尿布 × ㊿．空姐鍋 × ❶．奶瓶 × ❷．Mete 衣物 × ❽ 套
> 依藍衣物 × ❹ 套．保溫瓶 × ❷．兒童專用清潔液 × ❶．拖鞋 × ❷．塑膠碗 × ❷

45L 後背包 × ❶

> 奶嘴 × ❸．玩具 × ❸．迷斯衣物 × ❸ 套．保溫瓶 × ❶．奶瓶 × ❶
> 明治奶粉 × ❸ tube．M 號尿布 × ❸ pcs

嬰兒揹帶 × ❶

　　捨棄了 28 吋，換了兩個 20 吋行李箱，在移動上方便了許多。裡面依舊是滿滿的明治奶粉，因為接下來要去的國家仍然買不到。尼泊爾當時是非常寒冷的季節，所以箱子裡放了很多保暖衣物。

20 吋行李箱 × ❶

明治奶粉 × ⑧⓪ tube・L 號尿布 × ㉚ pcs・空姐鍋 × ❶・奶瓶 × ❶・Mete 衣物 × ❽ 套
依藍衣物 × ❹ 套・迷斯衣物 × ❸ 套・保溫瓶 × ❶・兒童專用清潔液 × ❶
拖鞋 × ❷・塑膠碗 × ❷・玩具 × ❶

45L 嬰兒可坐後背包 × ❶

奶嘴 × ❸・保溫瓶 × ❶・奶瓶 × ❷・明治奶粉 × ⑳ tube・L 號尿布 × ❸ pcs

　　這次的旅行精簡到只剩下一個背包與一個 20 吋行李箱。捨棄掉揹帶，換一個可以讓 Mete 坐上去的後背包是明智的選擇。我空了雙手可以做更多的事情。

　　隨著旅行的經驗增加，我們對帶著嬰兒旅行也愈得心應手。也伴隨著輔食的次數變多，奶粉就可以愈帶愈少，這對空間與重量有顯著的幫助。而輔食通常都是當地市場採買即可。

65L 後背包 × ❶

明治奶粉 × ㊿ tube ・空姐鍋 × ❶ ・Mete 衣物 × ❻ 套・依藍衣物 × ❹ 套
迷斯衣物 × ❸ 套・兒童專用清潔液 × ❶・塑膠碗 × ❷・筆電 × ❶

45L 後背包 × ❶

奶嘴 × ❸・玩具 × ❶ ・奶瓶 × ❷・L 號尿布 × ㊿ pcs・Mete 鞋子 × ❶

嬰兒推車 × ❶

1500cc 水 × ❶ ・保溫瓶 × ❷・拖鞋 × ❷

　　由於要走的路太多，我們第一次帶著推車旅行。也因為有推車，所以很多東西可以放在推車底下的置物空間。這也是我第一次攜帶筆電旅行，突然覺得自己變專業了。

◎ 飲食

　　初期只需要奶粉的時候，最重要的是熱水要隨時準備好。用完就到百貨公司或地鐵站，一般大間的百貨公司或地鐵站都會有育嬰室可使用，裡面通常有飲水機、換尿布台、清潔液。如果是到開發程度較低的城市則可以向咖啡廳或飲料店要求補充熱水，一般都不會拒絕。

　　奶瓶消毒，我們會用空姐鍋將水煮沸，然後倒入奶瓶重複沖洗刷。這可以省去攜帶消毒鍋的空間及重量。

　　開始使用輔食後，則可以到生鮮超市或是賣場買新鮮的食材製作輔食。我們一般都是買鮭魚、紅薯，然後煮熟，再手動弄成泥狀，可以跟米麩混在一起或是直接食用，這可以減少攜帶攪拌機的空間。

　　11 個月左右開始吃饅頭、白飯，甚至可以跟我們吃一樣的東西，但切記食物都不能加糖及鹽。

　　1 歲後就不再吃米麩，也大量減少奶粉。大部分餐食都與我們無異，但還是維持少鹽少糖，同時補充適量的水分。

◎ 住宿

　　青旅絕對不是個好選擇。

　　建議民宿或旅館，各有各的優勢。旅館的好處是乾淨、安靜。帶嬰兒出門最擔心的就是哭鬧會造成別人心裡的不快，尤其在夜晚時更是一哭驚醒夢中人。雖然嬰兒哭是很難避免，但我們還是會盡量不去打擾到別人，通常旅館的隔音效果都會比較好。在洗澡方面，旅館也較容易有浴缸可以選擇，但在洗之前一定要先用熱水消毒過一次。相對於民宿，旅館很適合 6 個月以下的嬰兒旅行。

民宿的好處是一般房東都會住在同一棟房子，而他們多半是已婚或有點年紀的長輩，他們對嬰兒的包容度較大。同時也可以透過自身的經驗幫助我們或是給予我們建議。通常民宿也都會有廚房，這對準備輔食來說非常方便。在洗澡方面雖然可能沒有浴缸，但滿高的機率可以借到澡盆。民宿較適合 6 個月以上的嬰兒旅行。

事實上每個家庭都有不同的育兒之道，怎樣對孩子才是最好，這也沒有一定的規範。新手爸媽永遠都不會是養兒專家，我們也是在不斷的錯誤中學習著。照書養或向他人請教都是很好的方式。只要有愛與耐心，相信每個寶寶都能健康成長。

帶嬰兒旅行是件難事，但也沒有困難到不可能完成。更多時候取決於新手爸媽能否接受較為簡陋的生活環境罷了。在自己熟悉的環境裡自然可以準備的萬無一失，不論是消毒鍋，還是飲食方面的均衡。

我們在旅行途中都只用熱水消毒，常常因為轉車無法準時提供牛奶，還發生過整天都穿著同一件尿布。或許是艱困的環境造就了我們孩子健康的體魄。這一年半唯一一次的生病竟然是發生在台灣。或許他真的是一個適合旅行的寶寶。

很多人說我們瘋狂，其實我們跟別人沒有什麼差別，都是全心全意的愛著我們的孩子。我們也同樣的希望他平安健康，同樣的希望他開開心心的成長。只是我們更任性了一些，就像我們的婚紗照是用我們喜歡的旅行方式拍攝。而我們也相信他做的到，就如他那含有勇士、王者意思的名字 Mete，他做得到。

親愛的兒子，
我們的愛不會對半

Mete，再不到 20 天，你就不再是我們唯一的孩子，你的妹妹要出生了。

你們倆差距 2 年又 6 個月，這也是你獨佔我們的時間。我真的沒有想到時光是如此的快，如此的催促。在歲月這班列車上，我們無法選擇下一站停靠，只能不停地向前駛去。

從你出生後，我就一直在記錄著你的故事，這些你記不住的事。所以估計你應該也不會記得，你曾單獨擁有過我們吧？

我跟你一樣，是家裡的長子，但我也沒有任何關於弟弟（你的叔叔）出生前的記憶。我跟叔叔相差 2 年 4 個月，其實跟你們還真的是有點像，不，應該說，你們像我們一樣。

我特地在這裡記錄這段只屬於我們三人的時光，未來如果你覺得我們偏心，我就會拿出這些我寫過的信。你會相信，我們的愛絕不是對半，只會層層疊加。

身為長子，其實有很多好處。就如同可以獨佔爸媽，這是二胎或之後的每一胎都無法體驗的感受。你或許可以想想看妹

妹的心情，她一出生就會發現，她必須跟你分享這份親情，必須跌跌撞撞地跟在你後頭，向你學習成長，向你叫一聲「哥哥」。

長子跟獨生子又是不一樣。你的媽媽就是獨生女，她應該很了解只有一個孩子的心情。雖然她常說這樣玩具就沒人會跟她搶，但她不知道的是，玩具要與別人分享才會好玩。

我跟媽媽是完全不同的狀況。我生長在一個很大的家庭。我的奶奶有十個孩子，從小我就過著群體生活，有十幾個哥哥跟十幾個姊姊。雖然我是父親的長子，但在家族裡我只能是敬陪末座，因為我的爸爸是么子，所以我完全無法體會獨子是怎樣的感覺。

我還想跟你說，長子是很特別的存在，同時這也是一個責任重大的位置。在將來，不管你如何逃避（最好的逃避其實就是面對），你都會是妹妹的榜樣。哪怕你變成反面教材，她都會有你的模樣。

我希望你能對妹妹好點，她出生的時機點真的不是太好，我們甚至無法讓她自然的生產。在新冠肺炎（也許等你懂事，這都是小病了）的影響下，醫院必須催生，在指定的時間裡提早讓她面對這個不安全的世界。我們已無法像當年懷你那般從容，更別說你出生在大年初一鞭炮齊鳴的時節，這次的來訪名單應該會是零（也必須如此）。

新冠肺炎有多麼令人沮喪，我希望你永遠不知道，就像我很難想像天花曾經帶走多少人一樣。

　　再過一個月你就要當哥哥了，這兩年來都是你叫著別人，現在開始，你也會是妹妹的「哥哥」。我希望你懂得分享玩具、餅乾還有爸爸媽媽爺爺奶奶叔叔。還有當妹妹哭的時候能一起安慰她，這當然不是義務，只不過你這麼做，會顯得你很懂事，也會讓妹妹知道，她有一個好哥哥。

　　在只有你的這兩年半裡，我們經歷了很多事，你陪我一起走過好幾個國度，睡過機場、青年旅館以及無數間飯店（我相信你是台灣最小的背包客）。你從小就接觸世界，這是你妹妹無法擁有的珍貴體驗。希望你知道，爸爸媽媽有多愛你，才會義無反顧地帶著你擁抱世界。

　　如果可以，等疫情過後，我們再繼續未完的旅程，好嗎？不過這次我們家會多一名成員，你的妹妹。

筆於 2021 年 7 月 16 日晚上 · 依藍懷胎 35 週

五味八珍的餐桌
品牌故事

60 年前，傅培梅老師在電視上，示範著一道道的美食，引領著全台的家庭主婦們，第二天就能在自己家的餐桌上，端出能滿足全家人味蕾的一餐，可以說是那個時代，很多人對「家」的記憶，對自己「母親味道」的記憶。

程安琪老師，傳承了母親對烹飪教學的熱忱，年近 70 的她，仍然為滿足學生們對照顧家人胃口與讓小孩吃得好的心願，幾乎每天都忙於教學，跟大家分享她的烹飪心得與技巧。

安琪老師認為：烹飪技巧與味道，在烹飪上同樣重要，加上現代人生活忙碌，能花在廚房裡的時間不是很穩定與充分，為了能幫助每個人，都能在短時間端出同時具備美味與健康的食物，從 2020 年起，安琪老師開始投入研發冷凍食品。

也由於現在冷凍科技的發達，能將食物的營養、口感完全保存起來，而且在不用添加任何化學元素情況下，即可將食物保存長達一年，都不會有任何質變，「急速冷凍」可以說是最理想的食物保存方式。

在歷經兩年的時間裡，我們陸續推出了可以用來做菜，也可以簡單拌麵的「鮮拌醬料包」、同時也推出幾種「成菜」，解凍後簡單加熱就可以上桌食用。

我們也嘗試挑選一些熟悉的老店，跟老闆溝通理念，並跟他們一起將一些有特色的菜，製成冷凍食品，方便大家在家裡即可吃到「名店名菜」。

傳遞美味、選材惟好、注重健康，是我們進入食品產業的初心，也是我們的信念。

冷凍醬料做美食

程安琪老師研發的冷凍調理包，讓您在家也能輕鬆做出營養美味的料理。

冷凍醬料的 5 大優點

省調味 × 超方便 × 輕鬆煮 × 多樣化 × 營養好

選用國產天麴豬，符合潔淨標章認證要求，我們在材料和製程方面皆嚴格把關，保證提供令大眾安心的食品。

三友官網

五味八珍的
餐桌官網

五味八珍的
餐桌 FB

程安琪
鮮拌味 FB

程安琪入廚
40 年 FB

五味八珍的
餐桌 LINE @

聯繫客服　電話：02-23771163　傳真：02-23771213

冷凍醬料調理包

香菇蕃茄紹子

歷經數小時小火慢熬蕃茄，搭配香菇、洋蔥、豬絞肉，最後拌炒獨家私房蘿葡乾，堆疊出層層的香氣，讓每一口都衝擊著味蕾。

雪菜肉末

台菜不能少的雪裡紅拌炒豬絞肉，全雞熬煮的雞湯是精華更是秘訣所在，經典又道地的清爽口感，叫人嘗過後欲罷不能。

麻辣紹子

麻與辣的結合，香辣過癮又銷魂，採用頂級大紅袍花椒，搭配多種獨家秘製辣椒配方，雙重美味、一次滿足。

北方炸醬

堅持傳承好味道，鹹甜濃郁的醬香，口口紮實、色澤鮮亮、香氣十足，多種料理皆可加入拌炒，迴盪在舌尖上的味蕾，留香久久。

冷凍家常菜

一品金華雞湯

使用金華火腿（台灣）、豬骨、雞骨熬煮八小時打底的豐富膠質湯頭，再用豬腳、土雞燜燉2小時，並加入干貝提升料理的鮮甜與層次。

靠福‧烤麩

一道素食者可食的家常菜，木耳號稱血管清道夫，花菇為菌中之王，綠竹筍含有豐富的纖維質。此菜為一道冷菜，亦可微溫食用。

3種快速解凍法

想吃熱騰騰的餐點，就是這麼簡單

1. 回鍋解凍法

將醬料倒入鍋中，用小火加熱至香氣溢出即可。

2. 熱水加熱法

將冷凍調理包放入熱水中，約2～3分鐘即可解凍。

3. 常溫解凍法

將冷凍調理包放入常溫水中，約5～6分鐘即可解凍。

私房菜

純手工製作，交期較久，如有需要請聯繫客服
02-23771163

程家大肉

紅燒獅子頭

頂級干貝 XO 醬

III 好書推薦 Recommended Books

樂遊台灣‧百年風華
：帶你走讀老字號的傳承經營故事

作 者	樂寫團隊	定 價	458 元
ISBN	978-626-7096-00-0		

百年老店深度漫遊，帶你以旅人視角看見跨越世代的
軌跡；帶你以文字尋訪全台老字號，傾聽老店的心路
歷程、動人故事；讓你從中體驗那些乘載著不同記憶
的老字號——背後珍貴且獨特的歲月痕跡。

熟齡遊學：半百人生的海外體驗營

作 者	豌豆老公主 Amy	定 價	340 元
ISBN	978-986-5510-86-2		

從遊學的基本花費、國定假日到當地緊急聯絡資訊、
轉機次數由少至多都一目了然，免於熟齡人士的奔波
之苦，讓你用最輕鬆的方式到達目的地。

澳洲親子遊
：趣味景點╳深度探索╳免費景點╳行程懶人包

作 者	鄭艾兒	定 價	380 元
ISBN	978-957-858-773-1		

這本書，將告訴你澳洲除了袋鼠、無尾熊，還能搭消防
車逛大街、學衝浪、玩室內跳傘。世界知名地標，雪梨
大橋與雪梨歌劇院，還有其他更有創意的玩法！當然還
有必吃的美食推薦！

慢旅。台灣尋味訪古
：跟著深度旅行家馬繼康遊台灣

作者	馬繼康	定價	360 元
ISBN	978-986-5510-74-9		

跟著深度旅行家馬繼康一起深入鄉鎮，領略恬適的農村風光和淳樸人情；踏遍山林、沿海慢行，閱讀寫在自然風景中的歷史故事，重新認識台灣每一寸土地。

台北最好玩：Muying 帶路深度遊台北

作者	李慕盈	定價	399 元
ISBN	978-986-5510-503		

踏訪台北 11+1 區，感受台北來自四面八方的活力，從老台北的復古風情，到現代台北的新潮繁華，帶你體會新舊台北交織出的獨特韻致。

登山新手必備指南
：為台灣登山量身打造的圖解入門百科

作者	李嘉亮，邢正康	定價	550 元
ISBN	978-986-5510-220		

從山岳分級、登山辨位、訓練體能，到如何選購服飾、登山裝備、飲食炊膳；與最重要的高山安全、待救脫困等重要知識，從基本郊山到百岳高山，絕對需要的入門指南。

孩子，謝謝你，陪著我們流浪

書　　　名	孩子，謝謝你，陪著我們流浪
作　　　者	楊迷斯
主　　　編	譽緻國際美學企業社・莊旻嬑
美　　　編	譽緻國際美學企業社
封 面 設 計	洪瑞伯
發 　行 　人	程顯灝
總 　編 　輯	盧美娜
發 　行 　部	侯莉莉
財 　務 　部	許麗娟
印 　　　務	許丁財
法 律 顧 問	樸泰國際法律事務所許家華律師
藝 文 空 間	三友藝文複合空間
地　　　址	106 台北市安和路 2 段 213 號 9 樓
電　　　話	（02）2377-1163
出 　版 　者	橘子文化事業有限公司
總 　代 　理	三友圖書有限公司
地　　　址	106 台北市安和路 2 段 213 號 9 樓
電　　　話	（02）2377-4155
傳　　　真	（02）2377-4355
E - m a i l	service @sanyau.com.tw
郵 政 劃 撥	05844889 三友圖書有限公司
總 　經 　銷	大和書報圖書股份有限公司
地　　　址	新北市新莊區五工五路 2 號
電　　　話	（02）8990-2588
傳　　　真	（02）2299-7900

初　版　2022 年 02 月
定　價　新臺幣 320 元
ISBN　978-626-7096-01-7（平裝）

國家圖書館出版品預行編目（CIP）資料

孩子,謝謝你,陪著我們流浪/楊迷斯作. -- 初版. -- 臺
北市：四塊玉文創有限公司, 2022.02
　面；　公分
　ISBN 978-626-7096-01-7(平裝)

1.CST: 旅遊文學 2.CST: 世界地理

719　　　　　　　　　　　　110022718

http://www.ju-zi.com.tw
三友圖書 友直 友諒 友多聞

三友官網

三友 Line@